Éditeur : COBRA
18/22, rue des Poissonniers
92200 Neuilly-sur-Seine
RCS Nanterre 333 761 377

Crédits photographiques
Couverture : photo principale Veigas/Sucré Salé ; vignette h : Fondacci/Markezana/Sucré Salé ; vignette c : Desgrieux/Sucré Salé ; vignette b : Marielle/Sucré Salé ; rabat h : Foodfolio/Sucré Salé ; rabat hc : Caste/Sucré Salé ; rabat bc : Garcia/Sucré Salé ; rabat b : Ryman/Sucré Salé.

P. 3h, 31 : Fondacci/Markezana/Sucré Salé ; p. 3c : Desgrieux/Sucré Salé ; p. 3b, 55cd : Marielle/Sucré Salé ; p. 4, 46 : Chassenet/Sucré Salé ; p. 24, 37hg, 42hg, 63cd, 91 : Garcia/Sucré Salé ; p. 5hd, 22cd, 93cd : Foodfolio/Sucré Salé ; p. 5bg, 69cd : Valette/Sucré Salé ; p. 7, 23, 52, 70, 75, 80 : Riou/Sucré Salé ; p. 8 : Mitgeschmack/StockFood/Studio X ; p. 9 : Fenot/StockFood/Studio X ; p. 10, 25, 49, 58, 77, 88 : Viel/Sucré Salé ; p. 11, 21, 44 : Cazals/StockFood/Studio X ; p. 60, 62cd : Debru/Sucré Salé ; p. 13 : Schardt/StockFood/Studio X ; p. 14 : Waiche/Sucré Salé ; p. 15hg : Boulay/Paquin/Sucré Salé ; p. 15cd : Leprêtre/Sucré Salé ; p. 16 : Watt/StockFood/Studio X ; p. 17, 39, 59, 63hg : Food & Drink/Sucré Salé ; p. 19 : Amiel/Sucré Salé ; p. 20, 27, 42cd : Caste/Sucré Salé ; p. 22hg, 57, 64 : Subiros/Sucré Salé ; p. 26 : Bagros/Sucré Salé ; p. 28, 45, 48, 53, 55hg, 89 : Roulier/Turiot/Sucré Salé ; p. 29, 69hg, 90, 93hg : Bichon/Sucré Salé ; p. 30 : Langot/Sucré Salé ; p. 33, 62hg : Leser/Sucré Salé ; p. 34 : Castilho/StockFood/Studio X ; p. 35 : Bender/StockFood/Studio X ; p. 36 : Renaudin/Sucré Salé ; p. 37cd, 38 : Maximilian Stock/Sucré Salé ; p. 40, 78 : Ryman/Sucré Salé ; p. 41 : Rivière/Sucré Salé ; p. 43, 66, 84 : Taillard/Sucré Salé ; p. 47, 81 : Hall/Sucré Salé ; p. 51 : Adam/Sucré Salé ; p. 54 : Garlick/StockFood/Studio X ; p. 56 : Eising/StockFood/Studio X ; p. 61 : Caillaut/Sucré Salé ; p. 65 : Urban/StockFood/Studio X ; p. 67 : Janssen/StockFood/Studio X ; p. 68 : Bono/Sucré Salé ; p. 71 : Rynio/StockFood/Studio X ; p. 72 : Studio/Sucré Salé ; p. 73 : Brauner/StockFood/Studio X ; p. 74 : Wieder/StockFood/Studio X ; p. 76 : Spy/Sucré Salé ; p. 79 : Thelma & Louise/StockFood/Studio X ; p. 82 : Swalens/Supperdelux/Sucré Salé ; p. 83 : Darqué/Sucré Salé ; p. 85hg : Flayols/Sucré Salé ; p. 86 : Nicoloso/Sucré Salé ; p. 87 : Bury/Sucré Salé ; p. 92 : Alack/StockFood/Studio X ; p. 94 : Veigas/Sucré Salé.

Conception graphique, réalisation : MediaSarbacane
Rédaction : Yann Leclerc, Françoise Zimmer

Imprimé par CAYFOSA
Ctra de Caldes, km 3
08130 Sta Perpetua de Mogada
Barcelone (Espagne)

Achevé d'imprimer : juin 2011
Dépôt légal : juillet 2011
ISBN : 978-2-8152-0250-3

Ma cuisine pratique de saison

mes recettes de Janvier

Sommaire du mois de Janvier

Entrées

Plats

accompagnements

desserts

Tarte fine à la fourme d'Ambert et aux champignons

La mince couche de garniture permet ici de faire joliment gratiner la fourme d'Ambert.

Facile | Pour **6 personnes** | Préparation **15 min** | Cuisson **30 min**

Ingrédients
- 1 pâte brisée préétalée
- 10 g de beurre pour le moule
- 100 g de fourme d'Ambert
- 1 œuf
- 125 g de crème fraîche
- 100 g de champignons de Paris
- 1 sachet de mesclun
- Huile d'olive
- 80 g de cerneaux de noix
- Quelques brins de ciboulette (facultatif)
- Poivre

1. Préchauffez le four à 190 °C (th. 6/7). Garnissez de la pâte un moule à tarte beurré et piquez le fond à la fourchette.

2. Dans un bol, écrasez la fourme à la fourchette, ajoutez l'œuf et mélangez intimement. Incorporez la crème, poivrez, puis versez cette préparation sur le fond de tarte.

3. Émincez les champignons et répartissez-les sur la tarte. Enfournez pour 25 à 30 min : la garniture doit être bien dorée.

4. Laissez légèrement tiédir au sortir du four, puis découpez en parts. Présentez sur un lit de mesclun nappé d'un filet d'huile d'olive. Parsemez de quelques cerneaux de noix. Décorez éventuellement de brins de ciboulette avant de servir.

La fourme d'Ambert

Fromage à pâte persillée, la fourme d'Ambert présente une pâte grasse, légèrement crémeuse, de couleur crème autour des veinules bleutées. Issue des monts du Forez, mais **élaborée dans toute l'Auvergne,** elle se présente sous la forme d'un fromage plus haut (19 cm) que large (13 cm de diamètre), **posé sur sa tranche.** Préparée au lait de vache, elle bénéficie d'une **AOC.** Sa saveur, douce pour un fromage bleu, se prête parfaitement à des **accords sucrés-salés,** avec des cerneaux de noix, des poires ou un filet de miel. **Relativement calorique** (345 kcal/100 g), elle est cependant à recommander lors des régimes, car elle apporte beaucoup de saveur avec peu de produit : les 100 g de fourme d'Ambert entrant dans la composition de cette tarte fine la transforment littéralement !

Crevettes sautées à l'ail confit

Servez ces crevettes avec du pain grillé, afin d'y tartiner la pulpe d'ail confit. Vous allez vous régaler !

Facile | Pour **4 personnes** | Préparation **15 min** | Cuisson **50 min**

Ingrédients

- 12 belles gousses d'ail très saines
- 1 feuille de laurier
- 1 branche de romarin
- 1 piment oiseau séché
- 10 cl d'huile d'olive extravierge
- 600 g de crevettes bouquets
- Le jus de 1 citron
- 2 c. à s. de persil plat ciselé
  + 4 sommités pour décorer
- Sel, poivre du moulin

1. Mettez les gousses d'ail non pelées, le laurier, le romarin et le piment dans une casserole. Ajoutez l'huile. Faites chauffer à feu moyen jusqu'à très léger crépitement. Baissez le feu et couvrez. Laissez confire ainsi 45 min à feu doux. Égouttez en réservant l'huile. Retirez les herbes et le piment.

2. Décortiquez les crevettes en conservant le dernier anneau de carapace supportant la queue.

3. Dans une sauteuse, faites chauffer l'huile d'olive réservée à feu vif et mettez-y les crevettes à revenir 5 min environ.

4. Ajoutez l'ail confit et le jus de citron, et remuez 1 min. Répartissez l'ensemble sur des assiettes de service. Salez légèrement, poivrez et parsemez de persil ciselé. Servez aussitôt, décoré de sommités de persil.

Crevettes sautées aux légumes croquants

Dépaysez vos papilles avec cette entrée asiatique où les crevettes s'allient aux poivrons, gingembre et maïs.

Facile | Pour **4 personnes** | Préparation **15 min** | Cuisson **10 min**

Ingrédients

– 4 petits poivrons longs (2 rouges et 2 jaunes)
– 12 mini-épis de maïs au naturel
– 200 g de pousses de bambou au naturel
– 1 c. à s. de Maïzena
– 4 c. à s. de sauce d'huître
– 2 c. à s. de sauce soja
– 4 c. à s. d'huile de maïs
– 1 oignon finement émincé
– 3 cm de gingembre frais finement émincé
– 1 gousse d'ail finement émincée
– 400 g de crevettes bouquets décortiquées
– 4 c. à s. de coriandre fraîche ciselée
– Poivre

1. Lavez et séchez les poivrons. Découpez-les en anneaux. Épépinez-les. Égouttez les mini-épis de maïs et les pousses de bambou. Tronçonnez les premiers et coupez les secondes en lamelles.

2. Délayez la Maïzena dans la sauce d'huître. Ajoutez la sauce soja et 8 c. à s. d'eau. Réservez cette sauce.

3. Faites chauffer 2 c. à s. d'huile dans un wok à feu vif. Mettez-y les poivrons et l'oignon à revenir 3 min, en remuant. Ajoutez le maïs et les pousses de bambou. Remuez 2 min. Transférez l'ensemble dans une jatte.

4. Faites chauffer le reste d'huile dans le wok. Mettez-y le gingembre et l'ail à revenir 10 s, en remuant. Ajoutez les crevettes. Faites-les sauter 3 min. Ajoutez la sauce réservée et les légumes. Poivrez. Remuez 2 min. Parsemez de coriandre et servez aussitôt.

Crème de chou-fleur à la du Barry

Onctueux à souhait, ce grand classique est ici rehaussé de quelques œufs de saumon, juste avant de servir.

Facile | Pour **6 personnes** | Préparation **20 min** | Cuisson **30 min**

Ingrédients

- 1 petit chou-fleur
- 1 pomme de terre moyenne
- 40 cl de bouillon de légumes
- 2 c. à s. de crème fraîche
- 4 c. à c. d'œufs de saumon
- 4 brins de persil plat
- Sel, poivre blanc

1. Détaillez le chou-fleur en fleurettes. Faites-les blanchir 5 min à l'eau bouillante salée, égouttez-les et transférez-les dans une casserole.

2. Ajoutez la pomme de terre pelée et coupée en dés, arrosez du bouillon et portez à frémissements. Couvrez et laissez cuire 20 min à feu doux.

3. Ajoutez la crème fraîche, mixez, puis remettez sur le feu. Faites chauffer encore quelques minutes, sans laisser bouillir.

4. Salez et poivrez, puis répartissez dans les bols ou les assiettes de service, et parsemez d'œufs de saumon. Décorez de brins de persil.

Pommes de terre en robe des mers

Cuites en robe des champs, les pommes de terre sont garnies de crème épaisse et d'œufs de lump. Un must...

Facile | Pour **4 personnes** | Préparation **15 min** | Cuisson **20 min**

Ingrédients

- 16 petites pommes de terre charlotte
- 1 bouquet garni (thym, laurier, persil)
- 100 g de crème fraîche d'Isigny
- 1 petit pot d'œufs de lump noirs
- 1 bouquet d'aneth
- Gros sel
- Poivre blanc

1. Nettoyez soigneusement les pommes de terre sous l'eau courante, sans les peler, puis déposez-les dans une casserole avec 1 c. à c. de gros sel. Couvrez d'eau froide à hauteur et ajoutez le bouquet garni.

2. Portez à frémissements, puis laissez cuire à feu moyen 15 min. Prélevez les pommes de terre avec une écumoire.

3. Coupez le dessus des pommes de terre en croix et déposez-les sur un lit de gros sel. Poivrez l'intérieur, puis déposez 1 c. à c. de crème fraîche sur chacune.

4. Surmontez de 1 petit dôme d'œufs de lump et ajoutez 1 pluche d'aneth. Servez aussitôt.

Salade de pissenlit aux œufs pochés et miettes de pain aillées

Le secret pour réussir à coup sûr les œufs pochés ? Les choisir extrafrais ! Craquant, le pissenlit les adore...

Délicat | Pour **4 personnes** | Préparation **20 min** | Cuisson **20 min environ**

Ingrédients
- Les feuilles jaunes de 300 g de cœurs de pissenlit
- 4 c. à s. d'huile d'olive
- 8 fines tranches de baguette un peu rassise
- 2 gousses d'ail pelées et coupées en deux
- 1 c. à s. de vinaigre de vin rouge
- 1 c. à c. de moutarde
- 1 c. à s. de vinaigre blanc
- 4 œufs extrafrais
- 4 c. à c. de persil ciselé
- Sel, poivre

1. Lavez et essorez le pissenlit. Faites chauffer 1 c. à s. d'huile d'olive dans une poêle à feu moyen. Mettez-y les tranches de baguette à dorer 2 min de chaque côté. Égouttez-les bien sur du papier absorbant, puis frottez-les d'ail sur chaque face et laissez-les refroidir.

2. Dans une jatte, mélangez le vinaigre de vin avec la moutarde, du sel et du poivre. Émulsionnez avec le reste d'huile, en fouettant.

3. Versez de l'eau dans une casserole. Ajoutez le vinaigre blanc, salez et portez à frémissements. Cassez les œufs un par un dans un bol. Versez délicatement 1 œuf dans l'eau frémissante, puis rabattez aussitôt le blanc sur le jaune à la cuillère, pour bien l'envelopper. Laissez cuire 3 à 4 min, puis transférez avec une écumoire sur un linge. Renouvelez l'opération avec les autres œufs.

4. Répartissez le pissenlit sur des assiettes, puis arrosez de la vinaigrette. Garnissez chaque assiettée de 1 œuf. Parsemez de pain émietté et de persil ciselé. Servez immédiatement.

Le pissenlit

Également appelé « **dents-de-lion** », en référence à la dentelure prononcée de ses feuilles, le pissenlit fut longtemps l'un des premiers légumes de l'année, en plein cœur de l'hiver. Aujourd'hui, les marchés regorgent de produits importés, et notre pissenlit est quelque peu délaissé. Il n'en demeure pas moins une plante particulièrement **savoureuse**, idéale **pour des salades, mais aussi en accompagnement**, sautée à la manière des épinards, parfaite avec, par exemple, des œufs mollets. **Lavez soigneusement les tiges** pour ôter toute trace de terre, mais vous pouvez conserver **les fleurs, qui sont comestibles** (on en fait même… une confiture !). Légèrement amer, le pissenlit s'accorde particulièrement bien **avec des lardons grillés** : déglacez leur poêle avec une bonne giclée de vinaigre de vin et versez le tout, bien chaud, sur les pissenlits. Un délice dans l'assiette !

Saint-jacques rôties, compotée de poireaux

Nappées d'un beurre de clémentines, ces saint-jacques sont une vraie invitation au voyage gourmand.

Facile | Pour **4 personnes** | Préparation **25 min** | Cuisson **40 min**

Ingrédients

- 150 g de beurre
- 500 g de poireaux finement émincés
- 12 belles noix de saint-jacques
- 8 cl de jus de clémentine
- 1 c. à s. de graines de sésame
- 8 feuilles de betterave
- 8 brins de ciboulette
- 8 fines lanières de poivron rouge
- Sel, poivre blanc

1. Faites fondre 40 g de beurre dans une sauteuse. Mettez-y les poireaux à suer 5 min, salez et poivrez. Couvrez et laissez compoter 30 min.

2. Préchauffez le four à 180 °C (th. 6). Faites fondre 30 g de beurre dans une poêle pouvant aller au four. Salez et poivrez les noix de saint-jacques, et mettez-les à revenir 30 s de chaque côté, puis enfournez pour 3 min.

3. Pendant ce temps, faites légèrement chauffer le jus de clémentine dans une petite casserole, salez et poivrez. Incorporez le reste de beurre, puis coupez le feu.

4. Servez les saint-jacques rôties sur la compotée de poireaux. Parsemez le tout de sésame, nappez de beurre de clémentine, puis décorez de feuilles de betterave, de ciboulette et de poivron rouge.

La coquille Saint-Jacques

Fruit de mer prestigieux, aux deux grandes valves inégales (celle du dessous étant bombée, quand la supérieure est quasiment plate), la coquille Saint-Jacques constitue l'un des mets préférés des Européens. En France, sa pêche n'est autorisée que **d'octobre à mai**, mais tous les autres pays la récoltent toute l'année, et ce n'est pas une espèce menacée d'extinction. Achetez-la de préférence **vivante, dans sa coquille** : vous pourrez ainsi vous assurer de sa fraîcheur, d'autant que sa préparation n'est pas compliquée du tout. À défaut, les noix de saint-jacques fraîches sont aussi de qualité – si elles ont été prélevées le jour même. Dans la saint-jacques, seule la noix se déguste, ainsi que **le corail**, grosse languette orange dont, cela dit, tout le monde n'est pas friand. Réservez cependant les **parures** pour préparer un fumet de poisson (vous pouvez les surgeler). Vous trouverez des noix **surgelées**, mais attention, d'autres coquillages ont le droit à cette appellation, notamment les pétoncles et les vanneaux.

Conseils pratiques

• ACHAT

En coquille, la saint-jacques doit impérativement être vivante : tapotez-la pour bien vous assurer qu'elle se referme. Les saint-jacques déjà décoquillées doivent être très blanches, sans traces de sécheresse ni d'écoulements suspects. Méfiez-vous des noix vendues en vrac, a fortiori sur un lit de glace…

• CONSERVATION

Achetées vivantes, vos saint-jacques se conserveront 2 à 3 jours dans le bas de votre réfrigérateur, disposées à plat les unes sur les autres. Cuisinez en revanche les noix de saint-jacques le jour même.

• PRÉPARATION

Ouvrez les coquilles en passant une lame entre les valves, puis dégagez la noix et le corail (éventuellement). Éliminez toutes les parures et rincez soigneusement la coquille si vous souhaitez l'utiliser.

• CUISSON

La noix de saint-jacques peut parfaitement se servir crue, notamment coupée en fines lamelles de carpaccio marinées au citron vert, mais aussi en tartare. Si vous voulez la cuire, faites-le rapidement, car elle ne supporte pas une cuisson longue. Idéalement : 30 s de chaque côté, puis 3 min au four à 180 °C (th. 6).

Le + nutrition

L'apport calorique de la saint-jacques est modéré, d'autant qu'on la consomme en petite quantité, du fait de son prix. Mine de protéines quasiment dépourvue de lipides, c'est une excellente source de vitamine B12, qu'on ne trouve que dans les produits carnés, ainsi que de phosphore et de sélénium.

Pour 100 g
> 88 kcal
> Protéines : 17 g
> Vitamine B12 : 2 µg
> Phosphore : 220 mg
> Sélénium : 8 µg

Salade d'endives sucrée-salée

Amertume, acidité, sucré et salé : les quatre saveurs se répondent en délicieuse harmonie dans cette entrée.

Facile | Pour **4 personnes** | Préparation **15 min** | Sans cuisson

Ingrédients

- 2 oranges à peau fine
- Le jus de ½ citron
- 3 c. à s. d'huile de tournesol
- 2 ciboules
- 12 belles feuilles d'endives
- 4 tranches de saumon fumé
- Sel, poivre du moulin

1. Pelez les oranges à vif, puis prélevez-en les segments en glissant une lame de couteau entre la pulpe et les membranes. Procédez au-dessus d'un bol, pour recueillir le jus qui s'écoule.

2. Versez le jus de citron dans le même bol. Salez et poivrez le tout. Mélangez pour dissoudre le sel, puis émulsionnez avec l'huile, en fouettant.

3. Nettoyez les ciboules. Émincez-en une en biais et l'autre dans la longueur.

4. Lavez et séchez les feuilles d'endives. Disposez-les en éventail dans les assiettes. Coupez le saumon en lanières. Répartissez sur les feuilles d'endives. Ajoutez les segments d'orange, puis parsemez des ciboules et arrosez de citronnette. Servez aussitôt.

Velouté d'endives aux lardons

La fine amertume des endives donne tout son caractère à ce velouté crémeux enrichi de lardons croustillants.

Facile | Pour **6 personnes** | Préparation **15 min** | Cuisson **30 min**

Ingrédients

- 1 kg d'endives
- 50 g de beurre
- 1 oignon émincé
- 45 cl de bouillon de volaille
- 150 g de lardons allumettes fumés
- 4 tranches de pain blanc écroûtées
- 20 cl de crème liquide
- 1 filet de jus de citron
- 2 c. à s. de persil ciselé
- Sel, poivre

1. Nettoyez les endives. Détachez quelques feuilles et réservez pour décorer. Émincez le reste. Faites chauffer le beurre dans une casserole à feu moyen. Mettez-y l'oignon à suer 5 min, en remuant.

2. Ajoutez les endives émincées. Remuez 5 min. Mouillez du bouillon, puis portez à frémissements. Salez légèrement et poivrez. Couvrez et laissez frémir 20 min, puis mixez.

3. Faites dorer les lardons à sec dans une poêle antiadhésive, jusqu'à ce qu'ils soient croustillants. Faites griller les tranches de pain au grille-pain.

4. Ajoutez la crème liquide au velouté et portez à frémissements, en remuant. Sortez aussitôt du feu et citronnez. Répartissez dans des bols, décoré des lardons, du pain et des feuilles d'endives réservées coupées en morceaux. Parsemez de persil.

Salade de chou blanc aux carottes et au poulet

Riche en saveurs, cette salade croquante et vitaminée est idéale pour utiliser les restes d'un poulet rôti.

Facile | Pour **4 personnes** | Préparation **25 min** | Sans cuisson

Ingrédients
- 300 g de chou blanc
- 2 belles carottes
- 1 belle pomme granny smith
- Le jus de ½ citron
- 1 botte de ciboulette
- 8 c. à s. de mayonnaise
- 1 c. à s. de moutarde forte
- 2 c. à c. de graines de cumin
- 250 g de poulet cuit émincé en lanières
- 2 oignons blancs émincés
- Sel, poivre

1. Lavez soigneusement le chou, puis émincez-le finement à la mandoline ou à l'aide d'un couteau à lame large.

2. Pelez et lavez les carottes. Coupez-les en deux et recoupez-les dans la longueur en fins bâtonnets. Pelez la pomme. Coupez-la en quatre, épépinez-la, puis râpez-la à la grille moyenne et citronnez-la. Lavez et essorez la ciboulette. Ciselez-en finement les trois quarts et coupez le reste des brins en deux.

3. Dans un saladier, mélangez la mayonnaise avec la moutarde et le cumin. Ajoutez le chou, la carotte, la pomme, le poulet, les oignons et la ciboulette ciselée. Mélangez bien. Rectifiez l'assaisonnement en sel et poivrez.

4. Réservez au réfrigérateur jusqu'au moment de servir, décoré des brins de ciboulette.

Le chou blanc

Proche **cousin du chou vert** ou du brocoli, le chou blanc se caractérise par ses feuilles très resserrées, formant une **pomme dense**, que l'on peut râper ou émincer directement, sans les séparer les unes des autres. C'est le chou de la **choucroute** : râpé, puis macéré au sel, il est longuement fermenté en barrique de bois. Les propriétés médicinales des choux sont connues depuis l'Antiquité, notamment les **vertus digestives, détoxifiantes** et de **régulation du métabolisme**. Émincé, le chou blanc peut être utilisé à cru, en salade. En accompagnement, il est généralement **blanchi**, ce qui le débarrasse d'une partie de ses composés soufrés et de son odeur, très puissante. Il est ensuite poêlé ou mis à mijoter, par exemple avec du porc. **Très peu calorique** (22 kcal/100 g), c'est un légume idéal de régime.

Guacamole

Recette emblématique du Mexique, le guacamole se sert soit en apéritif, soit en garniture des fajitas.

Facile | Pour **8 personnes** | Préparation **6 min** | Sans cuisson | Réfrigération **1 h**

Ingrédients

- 1 petit piment mexicain
- 1 petite tomate
- 2 avocats bien mûrs
- Le jus de 1 citron vert
- 2 c. à s. de crème fraîche épaisse
- 1 pincée de quatre-épices
- 1 sachet de nachos (chips mexicaines)
- Sel, poivre

1. Coupez le piment en deux, épépinez-le, puis émincez-le (vous pouvez aussi utiliser ½ c. à c. de piment en poudre).

2. Coupez la tomate en quatre, puis épépinez-la et coupez-la en petits dés.

3. Coupez les avocats en deux, dénoyautez-les. Récupérez-en la chair et écrasez-la à la fourchette, en incorporant le jus de citron vert, la crème fraîche, le quatre-épices, du sel et du poivre.

4. Protégez le tout de film alimentaire et réservez 1 h au réfrigérateur. Servez avec les nachos.

Salade d'avocat au bacon et aux croûtons

Le croustillant du bacon grillé, le fondant de l'avocat, le croquant des croûtons… Une salade épatante !

Facile | Pour **4 personnes** | Préparation **20 min** | Cuisson **4 min**

Ingrédients

- 2 beaux avocats bien mûrs
- Le jus de ½ citron
- 4 tranches de pain de mie écroûtées
- 150 g de mesclun
- 4 c. à s. d'huile d'olive
- 4 tranches de bacon
- 2 c. à s. de vinaigre de xérès
- Sel, poivre du moulin

1. Pelez les avocats. Coupez-les en deux. Ôtez-en le noyau et coupez-les en fins quartiers. Citronnez-les. Faites griller le pain. Détaillez-le en croûtons.

2. Lavez et essorez le mesclun. Mettez-le dans un saladier. Arrosez-le d'huile d'olive.

3. Dans une poêle antiadhésive, faites rissoler les tranches de bacon à sec 2 min environ de chaque côté : elles doivent être croustillantes. Déposez-les à l'écumoire sur du papier absorbant.

4. Déglacez la poêle avec le vinaigre, en grattant le fond à la spatule. Versez aussitôt sur le mesclun. Salez et mélangez rapidement. Ajoutez les croûtons, le bacon émincé et les lamelles d'avocat. Poivrez et servez immédiatement.

L'avocat

Fruit de l'avocatier, arbre proche du laurier originaire d'Amérique centrale, l'avocat se présente comme une grosse poire verte, devenant marron à maturité, qui peut peser jusqu'à plus de 1 kg ! Les deux variétés les plus consommées en France sont le **haas**, généralement importé d'Israël, à la peau rugueuse, presque noire à maturité, et le **fuerte**, à la peau plus fine, demeurant vert sombre une fois mûr. Il est normal que les avocats vendus sur les étals soient encore durs, et c'est même un signe de fraîcheur ! En effet, ces fruits se distinguent en **ne mûrissant qu'une fois cueillis**, et non sur l'arbre, sur lequel ils peuvent rester… des mois ! Ainsi, lorsqu'il est vendu mûr, il a sans doute été traité à l'éthylène. L'avocat est **très calorique** : un seul fruit dégusté à la petite cuillère apporte le cinquième de l'apport énergétique journalier d'une femme active… Surtout en **guacamole**, enrichi en crème fraîche et servi avec des nachos, n'en abusez pas…

Conseils pratiques

• AVOCATS DURS…

Les avocats à maturité sont tout particulièrement fragiles : le simple fait de les manipuler (par exemple de les tâter pour vérifier leur maturité) les gâte complètement, en quelques heures. Résignez-vous à les acheter durs, puis à les faire mûrir vous-même…

• … OU AVOCATS MÛRS ?

Pour un avocat à consommer le jour même, rabattez-vous sur un primeur de confiance, qui saura vous vendre l'avocat idéal. Il existe également des avocats vendus mûrs, dans de petits écrins de plastique : ils sont souvent très chers, et l'on n'est jamais sûr qu'ils ne soient pas *trop* mûrs…

• CONSERVATION

Achetés durs, les avocats se font mûrir à température ambiante, en les enveloppant simplement dans du papier journal ou en les entreposant au côté d'une pomme : ils sont sensibles à leur éthylène. Une fois mûrs, pas d'alternative : mangez-les immédiatement !

• PRÉPARATION

Si les Mexicains le font cuire comme un classique légume d'accompagnement, nous nous bornons généralement à l'utiliser cru, en lamelles, en dés ou réduit en purée. Il est important de bien en citronner la chair juste après l'avoir émincée, car elle s'oxyde et noircit en quelques minutes.

Le + nutrition

L'avocat est extrêmement calorique : il est très riche en lipides, surtout constitués d'acides gras insaturés, réputés favoriser une bonne circulation et faire baisser le taux de mauvais cholestérol. Il est riche en potassium et en magnésium, ainsi qu'en vitamines C et E.

Pour 100 g
> 155 kcal
> Protéines : 2 g
> Lipides : 14 g dont acides gras saturés : 1,8 g
> Vitamine C : 11 mg
> Potassium : 520 mg

Le pleurote

Ce **champignon blanc, au grand chapeau voluté**, est l'un des rares qui acceptent d'être **cultivés**, avec le champignon de Paris. L'espèce la plus commune, produite en quelques semaines sur des substrats végétaux, est couramment appelée « **pleurote en huître** », du fait de sa forme. On la trouve dès la fin de l'été et jusqu'au cœur de l'hiver. C'est l'un des champignons **les moins** chers, mais certains ne l'apprécient pas, surtout du fait de sa **texture** après cuisson, légèrement spongieuse. Il reste néanmoins **savoureux** et fournit notamment des poêlées agréables, à condition d'être relevé d'aromates. Il pousse abondamment à l'état sauvage, se développant notamment **sur les souches** et les arbres tombés à terre. Mais évitez de le récolter vous-même, car il peut alors être toxique, ou **être confondu avec d'autres champignons**, dont certains sont vénéneux. On cultive une autre variété de pleurote, dite « du panicaut », au pied plus long et évasé, parfois considéré comme plus savoureux.

Conseils pratiques

• ACHAT

Le pleurote est plus goûteux quand il est jeune : vous le reconnaîtrez à sa chair uniformément blanche, sans taches, ne tirant surtout pas sur le jaunâtre. Les volutes doivent être souples, la chair ferme (surtout pas visqueuse), et le pied le moins volumineux possible.

• CONSERVATION

Le pleurote ne se conserve pas : il se dégrade même très rapidement. Il n'aime ni sécher ni être exposé à l'humidité… Conservez-le dans le bas du réfrigérateur, dans une boîte au couvercle percé de trous, quelques jours au maximum.

• PRÉPARATION

Ne passez pas vos pleurotes sous l'eau courante, ils n'y résisteraient pas ! Contentez-vous d'éliminer le pied terreux, puis de supprimer les parties durcies ou, au contraire, molles ou visqueuses. Séparez pieds et chapeaux, et hachez finement les pieds.

• CUISSON

Le pleurote est excellent poêlé, avec des aromates (échalotes, ail, persil…) pour relever sa saveur. Amorcez la cuisson avec les pieds, qui sont plus longs à dorer. Une fois les chapeaux ajoutés, poursuivez la cuisson 10 min environ, à feu moyen, pour une texture parfaite.

Le + nutrition

Le pleurote a récemment été décrit comme un aliment anticancer. Il est surtout exceptionnellement peu calorique, contenant juste quelques protéines. Riche en fibres, il apporte ainsi une satiété assez rapide et fournit par ailleurs à l'organisme des quantités appréciables de potassium et de phosphore. Il est enfin riche en vitamines, notamment celles du groupe B, ainsi que les vitamines D, E ou K.

Pour 100 g
> 15 kcal
> Protéines : 2 g
> Fibres : 3 g

Feuilletés aux pleurotes

Le goût discret des pleurotes est relevé d'échalotes et de thym dans ces feuilletés croustillants.

Délicat | Pour **4 personnes (8 feuilletés)** | Préparation **25 min** | Cuisson **25 min**

Ingrédients

- Un peu de farine pour le plan de travail
- 300 g de pâte feuilletée
- 500 g de pleurotes
- 40 g de beurre
- 1 c. à s. d'huile d'olive
- 4 échalotes émincées
- 2 c. à s. de feuilles de thym
- 1 œuf battu
- Sel, poivre

1. Sur le plan de travail très légèrement fariné, étalez la pâte en un rectangle de 20 x 40 cm. Découpez-le en 8 carrés de 10 x 10 cm. Nettoyez les pleurotes dans un linge humide. Coupez-les en petits morceaux.

2. Dans une sauteuse, faites chauffer le beurre et l'huile à feu moyen. Mettez-y les échalotes à suer 5 min, en remuant. Ajoutez les pleurotes et les trois quarts du thym. Salez et poivrez. Augmentez le feu. Faites revenir 5 min à feu vif, en remuant. Égouttez et laissez tiédir.

3. Préchauffez le four à 200 °C (th. 6-7). Répartissez bien la préparation aux champignons sur une moitié des carrés de pâte. Repliez la pâte sur la garniture. Soudez les feuilletés ainsi obtenus entre les doigts humides.

4. Déposez les feuilletés sur une plaque tapissée de papier sulfurisé. Dorez-les à l'œuf, au pinceau. Incisez-les sur le dessus et parsemez-les du reste du thym. Enfournez pour 15 min. Servez très chaud.

« Le pleurote est excellent poêlé, avec des aromates (échalotes, ail, persil…) pour relever sa saveur. »

Verrines de pomme verte au crabe

Un amuse-bouche original qui souligne à quel point les saveurs du crabe et de la granny sont complémentaires !

Facile | Pour **4 personnes** | Préparation **10 min** | Sans cuisson

Ingrédients

- 200 g de feta
- ½ botte de ciboulette ciselée + quelques brins pour décorer
- 2 c. à s. + 1 filet d'huile d'olive extravierge
- 2 pommes granny smith
- Le jus de ½ citron
- 150 g de chair de crabe émiettée
- Sel, poivre blanc du moulin

1. Écrasez la feta à la fourchette. Incorporez-y la ciboulette ciselée et 2 c. à s. d'huile d'olive. Salez légèrement et poivrez généreusement.

2. Lavez et séchez les pommes. Coupez-les en quatre, puis épépinez-les et recoupez-les en fines lamelles. Citronnez-les.

3. Répartissez le fromage dans 4 verrines. Surmontez-le des lamelles de pomme, puis des miettes de crabe.

4. Arrosez d'un filet d'huile d'olive, poivrez, puis décorez de brins de ciboulette et servez très frais.

Terrine de queue de bœuf et pomme verte

La queue de bœuf est prise en terrine dans son jus de cuisson, servie avec la pomme travaillée en condiment.

Facile | Pour **6 personnes** | Préparation **35 min** | Cuisson **2 h 30** | Réfrigération **4 h**

Ingrédients
- 1,8 kg de queue de bœuf tronçonnée
- 1 oignon entier, pelé
- 1 clou de girofle
- 1 bouquet garni (thym, laurier, persil)
- 3 carottes
- 20 cl de vin blanc sec
- 2 pommes granny smith
- Le jus de 1 citron vert
- 1 c. à s. de ciboulette ciselée
- Sel, poivre

1. Mettez la queue de bœuf dans un faitout, puis ajoutez l'oignon, le clou de girofle à part, le bouquet garni et les carottes. Arrosez de vin blanc et de 1,5 l d'eau, puis salez et poivrez. Couvrez et faites cuire 2 h 30 à feu doux.

2. Supprimez le clou de girofle et le bouquet garni, puis prélevez la viande et les légumes à l'écumoire. Laissez refroidir. Pendant ce temps, filtrez le bouillon et faites-le réduire des trois quarts à feu moyen.

3. Désossez très délicatement la viande. Émincez l'oignon et les carottes, mélangez-les avec la viande. Tassez le tout dans une terrine, arrosez de bouillon à hauteur et placez 4 h au réfrigérateur.

4. Pelez et épépinez les pommes, puis râpez-les. Arrosez-les de jus de citron vert, salez et poivrez, puis ajoutez la ciboulette. Servez la terrine avec cet accompagnement.

Petits soufflés au beaufort

Ne faites pas attendre vos soufflés, bien sûr ! Sitôt sortis du four, sitôt servis !

Facile | Pour **6 personnes** | Préparation **20 min** | Cuisson **25 min**

Ingrédients

- 80 g de beurre
  + 30 g de beurre fondu pour les moules
- 80 g de farine tamisée
- 40 cl de lait
- 2 c. à s. de crème fraîche
- 140 g de beaufort coupé en fines lamelles
- 1 pincée de noix muscade râpée
- 4 jaunes d'œufs
- 2 c. à s. de persil plat ciselé
- 5 blancs d'œufs
- Sel, poivre

1. Préchauffez le four à 210 °C (th. 7). Beurrez au pinceau 6 petits moules à soufflé (ou ramequins) et placez-les au réfrigérateur.

2. Dans une casserole, faites fondre le beurre à feu doux. Incorporez-y la farine, en fouettant. Sans cesser de fouetter, ajoutez le lait versé en filet, puis la crème. Laissez épaissir 2 min.

3. Coupez le feu et ajoutez le beaufort en plusieurs fois, en mélangeant bien entre chaque ajout. Salez, poivrez et muscadez. Incorporez les jaunes d'œufs un à un, en fouettant entre chacun, puis le persil.

4. Montez les blancs d'œufs en neige avec 1 pincée de sel. Incorporez-les à la préparation précédente, en soulevant la masse à la spatule. Versez le tout dans les moules et enfournez pour 20 à 25 min.

Le beaufort

Le « prince des gruyères » est la plus réputée des **pâtes cuites pressées**. Il est produit dans le Beaufortain, en Savoie, mais aussi dans les vallées de la Tarentaise et de la Maurienne, à partir du lait de vaches de races tarine ou abondance. Il se reconnaît à son **talon concave**, le différenciant du talon bien bombé du comté, par exemple. Sous la croûte brossée, la **pâte couleur crème**, tirant sur l'ivoire, est dense et **complètement dénuée de trous**, simplement traversée de fines lainures (fentes horizontales) quand il est très affiné. Le « beaufort chalet d'alpage », communément simplement appelé **beaufort d'alpage**, est incomparable : il est élaboré l'été, immédiatement après la traite, à partir de lait cru et entier de troupeaux paissant au-delà de 1 500 m d'altitude. La flore spécifique des alpages, notamment certaines variétés de trèfle, prisées des vaches, lui donne un bouquet inimitable. Le beaufort est enfin l'un des composants de la **fondue savoyarde**, à laquelle il apporte sa rondeur et ses parfums.

Conseils pratiques

• ACHAT

Préférez le beaufort à la coupe, coupé dans la longueur, avec une portion de talon. Repérez sur celui-ci la plaque de caséine vous assurant de sa qualité : bleu et ovale, c'est bien du beaufort ; rouge et carrée, c'est du beaufort d'alpage.

• AFFINAGE

Le beaufort bénéficie d'une AOC qui fixe son affinage minimal à 5 mois, mais on trouve, au cœur de l'hiver, du beaufort très affiné de 12 à 15 mois, d'une saveur exceptionnelle. Le beaufort « d'hiver », vendu à la fin du printemps, est le moins savoureux.

• CONSERVATION

Comme toutes les pâtes cuites pressées, le beaufort ne supporte pas la chaleur, qui le fait rapidement suer et lui confère une saveur désagréable. Conservez-le dans du papier sulfurisé, dans le bas du réfrigérateur.

• PRÉPARATION

Le beaufort ne se râpe pas, mais on peut l'intégrer à des plats salés en le coupant en fines lamelles. Mariez-le aux crozets de Savoie et à la viande des Grisons, pour des gratins très montagnards. Accompagnez-le de vins de Savoie ou d'un rouge léger.

Le + nutrition

Le beaufort est le plus dense des fromages à pâte cuite pressée, autant dire qu'il est riche… tout court ! Bombe calorique, il contient plus de protéines et de lipides que la plupart des viandes. Il fournit des vitamines A et B12, mais se révèle surtout exceptionnellement doté en calcium. Attention, il contient également beaucoup de sodium !

Pour 100 g
> 401 kcal
> Protéines : 26 g
> Lipides : 33 g
> Calcium : 995 mg
> Sodium : 628 mg

Fingers au beaufort

Bien croustillants, mais fondants à cœur, ces bâtonnets très savoureux se grignotent du bout des doigts !

Délicat | Pour **6 personnes** | Préparation **25 min** | Cuisson **10 min**

Ingrédients

- 100 g de beurre
- 180 g de farine
- 80 cl de lait
- 130 g de beaufort grossièrement râpé
- 2 œufs battus
- 100 g de chapelure
- Huile de friture
- Sel, poivre blanc

1. Faites fondre le beurre dans une casserole et ajoutez-y 100 g de farine d'un coup. Mélangez bien à feu moyen.

2. Incorporez progressivement le lait, puis salez et poivrez. Portez à frémissements et laissez cuire 2 min, en mélangeant régulièrement. Retirez du feu et incorporez délicatement le beaufort.

3. Versez la préparation sur une plaque tapissée de film alimentaire, sur 2 cm d'épaisseur environ. Lissez la surface à la spatule. Laissez refroidir.

4. Coupez la préparation en longs bâtonnets. Passez ceux-ci successivement dans la farine restante, dans les œufs, puis dans la chapelure. Plongez-les 2 min dans l'huile de friture chauffée à 160 °C. Épongez sur du papier absorbant avant de servir.

Gougères au beaufort

Gourmandes, moelleuses et bien dorées, les gougères sont l'une des meilleures expressions du beaufort.

Délicat | Pour **une trentaine de gougères** | Préparation **25 min** | Cuisson **20 min**

Ingrédients

– 50 g de beurre
– 125 g de farine
– 3 œufs
– 160 g de beaufort
– ½ c. à c. de sel
– Poivre du moulin

1. Versez 20 cl d'eau dans une casserole. Ajoutez le sel et le beurre détaillé en parcelles, puis portez le tout à frémissements à feu moyen.

2. Hors du feu, versez la farine d'un coup, puis mélangez vigoureusement. Faites dessécher 2 min, toujours en mélangeant. Retirez du feu et laissez légèrement tiédir. Incorporez ensuite les œufs un à un, en fouettant, et poivrez. Préchauffez le four à 200 °C (th. 6/7).

3. Râpez grossièrement la moitié du beaufort et incorporez-le à la préparation. Avec une poche à douille ou 2 cuillères humidifiées, déposez des petits tas de cette pâte sur une plaque tapissée de papier sulfurisé.

4. Coupez le reste de beaufort en lamelles et déposez-les sur les gougères. Enfournez pour 20 min environ : les gougères doivent être bien dorées. Laissez tiédir 5 min avant de servir.

Graulax

Une texture et une saveur incroyables, dignes des meilleurs saumons fumés... pour beaucoup moins cher.

Facile | Pour **8 personnes** | Préparation **15 min** | Sans cuisson | Macération **4 jours**

Ingrédients

- 1 beau filet de saumon d'élevage avec peau (1,5 kg environ)
- 200 g de gros sel
- 180 g de sucre en poudre
- 2 bouquets d'aneth grossièrement ciselés
- Les graines de 10 capsules de cardamome (facultatif)
- Le zeste râpé de 1 citron non traité
- Poivre du moulin

1. Faites lever un beau filet sur un saumon très frais, d'élevage (très important, car il ne cuira pas, et les saumons sauvages peuvent être porteurs de parasites).

2. Lavez soigneusement le filet de saumon, ôtez ses éventuelles arêtes avec une pince à épiler, puis essuyez-le avec du papier absorbant. Disposez-le dans un plat creux.

3. Mélangez le gros sel avec le sucre en poudre et l'aneth ciselé. Ajoutez si vous le souhaitez les graines de cardamome pilées et le zeste de citron. Poivrez généreusement.

4. Répartissez cette préparation sur le saumon, en l'en frottant légèrement. Couvrez bien de film alimentaire, puis laissez macérer ainsi 4 jours au réfrigérateur ou dans un endroit frais.

5. Tous les jours, éliminez l'eau résiduelle, puis couvrez de nouveau de film. Au terme des 4 jours, supprimez le mélange de macération et nettoyez soigneusement le filet de saumon avec un torchon légèrement humide.

6. Le saumon n'est pas du tout sucré, et la saveur de sel est discrète. Servez-le taillé en fines lamelles, accompagné de crème fraîche, de blinis et de petites pommes de terre tièdes.

L'aneth

De la famille des **ombellifères**, l'aneth est proche de la carotte ou du fenouil, mais on n'en consomme que les **feuilles**. Leur parfum délicatement anisé **se marie particulièrement aux poissons** (saumon, thon, poissons blancs...), mais aussi aux viandes blanches ou aux **pommes de terre**, le plus souvent dans une sauce blanche à la crème fraîche. C'est un condiment traditionnel des **pays scandinaves**, de la Grèce, de l'Europe de l'Est et de l'Inde. L'aneth est **fragile** : il se conserve peu de temps après avoir été récolté, mais ses arômes résistent à une cuisson rapide (par exemple, en papillote ou à la vapeur). Il parfume traditionnellement les **cornichons** au vinaigre et les **pickles**, surtout aux États-Unis.

Darnes de saumon et beurre d'herbes

Relevé au citron vert, le beurre d'herbes met parfaitement en valeur les darnes de saumon grillées.

Facile | Pour **4 personnes** | Préparation **15 min** | Réfrigération **30 min** | Cuisson **8 min**

Ingrédients
- ½ citron vert
- 125 g de beurre
- 5 brins de cerfeuil
- 5 brins de persil plat
- 4 darnes de saumon
- Huile de tournesol
- 1 poignée de feuilles de betterave
- Sel, poivre blanc du moulin

1. Pressez le demi-citron vert pour en recueillir le jus. Mettez-le dans le bol d'un mixeur ainsi que le beurre coupé en dés, ½ c. à c. de sel et un bon tour de moulin à poivre. Actionnez jusqu'à obtenir une pommade.

2. Ajoutez les herbes juste effeuillées et mixez quelques secondes, juste pour les incorporer. Réservez ce beurre d'herbes au moins 30 min au réfrigérateur, couvert de film alimentaire.

3. Huilez les darnes au pinceau, salez et poivrez. Faites cuire 3 à 4 min de chaque côté sur un gril antiadhésif.

4. Disposez les darnes de saumon sur un lit de feuilles de betterave et servez immédiatement, accompagné du beurre d'herbes.

Pavés de saumon au chou vert

Ne faites pas trop cuire le chou vert, afin de lui garder une texture ferme, mais fondante.

Facile | Pour **4 personnes** | Préparation **25 min** | Cuisson **30 min**

Ingrédients
- ¼ de chou vert
- Le zeste cannelé de 1 orange non traitée
- 100 g de beurre
- 4 pavés de saumon sans peau
- Le jus de 1 citron
- Quelques feuilles de mélisse pour décorer (facultatif)
- Sel, poivre blanc

1. Lavez les feuilles de chou, émincez-les et faites-les blanchir 5 min à l'eau bouillante salée. Égouttez.

2. Faites blanchir le zeste d'orange 5 min à part, puis égouttez-le.

3. Dans une casserole, faites fondre 40 g de beurre. Mettez-y les feuilles de chou à cuire 20 min à feu doux et à couvert. Pendant ce temps, faites cuire les pavés de saumon 10 min à la vapeur.

4. Quand le saumon est quasi cuit, faites fondre le restant de beurre à feu doux dans une petite casserole. Ajoutez le jus de citron, salez et poivrez. Fouettez pour bien émulsionner. Ajoutez le zeste d'orange, laissez frémir 1 min, puis coupez le feu.

5. Entourez les pavés de saumon de chou, nappez de sauce beurre-citron et décorez éventuellement de mélisse. Servez immédiatement.

Soles Bourbon

Un grand classique que cette recette raffinée où la sole est simplement pochée dans du jus d'agrumes vanillé.

Facile | Pour **6 personnes** | Préparation **10 min** | Cuisson **10 min**

Ingrédients
- 6 gousses de vanille Bourbon
- 6 filets de sole (130 à 150 g chacun)
- Le jus de 3 oranges
- Le jus de 1 citron
- 180 g de beurre demi-sel en parcelles + 12 noisettes
- Quelques feuilles de roquette pour décorer
- Poivre blanc du moulin

1. Fendez les gousses de vanille en deux dans la longueur. Prélevez-en les graines de la pointe d'un couteau.

2. Enroulez chaque filet autour de 1 gousse de vanille. Maintenez les rouleaux fermés avec une pique en bois.

3. Dans une casserole, mélangez les graines de vanille avec les jus d'orange et de citron. Poivrez généreusement. Portez à petits frémissements à feu doux, en incorporant peu à peu le beurre en parcelles, en fouettant. Faites pocher la sole 5 min de chaque côté dans cette sauce.

4. Déposez 1 noisette de beurre sur chaque rouleau. Nappez de sauce et décorez de roquette.

La sole

C'est **le plus noble des poissons plats** : la sole est un poisson à la chair fine et savoureuse, **de forme ovale**, présentant une face brune ou grise (avec les deux yeux) et une face blanche. Pêchée en Atlantique et dans la Manche, elle se présente soit en « **sole-portion** » (d'au moins 24 cm de long, comptez 1 sole par personne), soit en « **sole-filet** », plus grosse, les filets étant souvent détaillés en goujonnettes. Dans tous les cas, **elle doit être cuite rapidement** pour garder sa saveur. On la sert avec une sauce hollandaise, un beurre blanc ou un simple filet de jus de citron, mais elle est aussi préparée selon de multiples recettes, chaque région ayant la sienne : **à la dieppoise** (avec crevettes et champignons), **à la dugléré** (avec échalotes, oignon et tomates), à la normande (avec fruits de mer, champignons et crème)… **Ne la confondez pas avec d'autres poissons plats**, vendus sous son nom : la limande est parfois appelée « limande-sole », et vous trouverez aussi sur les étals des « soles du Sénégal »… qui n'en sont tout simplement pas.

Conseils pratiques

• ACHAT

Reconnaissez une véritable sole à la tache plus sombre présente non loin de l'œil droit et à l'extrémité de la queue, qui doit présenter des raies noires. Idéalement, la peau doit être brillante : une sole parfaitement fraîche est en effet encore recouverte de son mucus.

• PRÉPARATION

Plus une sole est fraîche, plus sa peau est difficile à retirer : n'hésitez pas à demander à votre poissonnier de le faire pour vous ! Vous pouvez également faire lever les filets, mais la sole est bien meilleure quand elle est cuite entière, avec ses arêtes.

• FUMET DE POISSON

Les parures (soit nageoires, carcasse, voire tête) de la sole sont parfaites pour préparer un fumet de poisson, réclamez-les à votre poissonnier ! Faites-les cuire 30 min avec échalotes, oignon, girofle, bouquet garni, eau et vin blanc sec. Filtrez… c'est prêt !

• CUISSON

Les filets de sole peuvent être poêlés au beurre, simplement enfarinés. C'est la préparation « meunière », qui préserve leur texture. Au four, faites-la cuire entière, juste pelée et vidée. Parsemez-la de dés de beurre et enfournez pour 8 à 15 min, suivant la taille.

Le + nutrition

Poisson maigre mais riche en protéines, la sole est peu calorique, à condition bien sûr d'être cuite sans beurre… Elle est également particulièrement digeste, et c'est une source de minéraux : calcium, phosphore. Elle apporte enfin du fer, mieux assimilé par l'organisme que celui des végétaux.

Pour 100 g
> 70 kcal
> Protéines : 15 g
> Lipides : 1 g
> Calcium : 24 mg
> Phosphore : 208 mg
> Fer : 0,7 mg

Filets de sole pochés et brunoise aux deux citrons

Pochés au vin blanc, les filets de sole sont parsemés d'une brunoise de légumes au citron confit.

Délicat | Pour **6 personnes** | Préparation **30 min** | Cuisson **30-35 min**

Ingrédients

- 1 c. à s. d'huile d'olive pour le plat + 1 filet pour les légumes
- 3 citrons confits au sel
- 3 carottes
- 300 g de rutabagas
- 300 g de céleri-rave
- 20 g de beurre demi-sel
- 3 échalotes émincées
- 40 cl de vin blanc sec
- Les filets de 3 soles (700 g chacune environ) prélevés par le poissonnier
- 30 brins de persil plat
- Sel, poivre du moulin

1. Préchauffez le four à 210 °C (th. 7). Huilez un plat à four au pinceau. Rincez et séchez les citrons confits. Épongez-les bien sur du papier absorbant, puis retirez-en la pulpe. Pelez et lavez les carottes, les rutabagas et le céleri.

2. Détaillez les légumes et l'écorce des citrons en brunoise (petits dés de 3 mm de côté environ). Étalez la brunoise dans le plat. Salez légèrement et poivrez. Arrosez d'un filet d'huile et enfournez pour 15 à 20 min, en remuant de temps à autre.

3. Faites chauffer le beurre demi-sel à feu moyen dans une sauteuse. Mettez-y les échalotes à suer 4 min, en remuant. Mouillez avec le vin et portez à frémissements. Laissez réduire 5 min et baissez le feu. Faites pocher les filets 3 min de chaque côté dans ce mélange, à très petits frémissements.

4. Déposez les filets à l'écumoire dans 6 assiettes chaudes. Faites « tomber » le persil 30 s dans le jus de cuisson du poisson. Répartissez sur les filets avec la brunoise. Arrosez de jus, poivrez et servez.

« La chair fine de la sole doit être cuite rapidement pour garder sa saveur : commencez la cuisson par la face sombre, puis finissez par la face blanche, la plus fragile. »

Raie aux câpres et sauce beurre-citron

Guettez le moment où la chair de la raie se détache délicatement du cartilage : elle est alors cuite à point !

Facile | Pour **4 personnes** | Préparation **20 min** | Cuisson **20 min**

Ingrédients

- 10 cl de vinaigre de vin
- 2 feuilles de laurier
- 4 tiges de fenouil (facultatif)
- 1,2 kg d'aile de raie
- 1 beau citron
- 40 g de beurre
- 4 c. à c. de câpres surfines égouttées
- 2 c. à s. de persil plat ciselé
- Sel, poivre

1. Versez 2 l d'eau dans un faitout. Ajoutez le vinaigre, le laurier, 1 c. à s. de sel, du poivre et éventuellement les tiges de fenouil. Portez à frémissements.

2. Coupez l'aile de raie en 4 morceaux, déposez-les dans ce court-bouillon et laissez reprendre l'ébullition. Coupez le feu, couvrez et laissez pocher 15 min.

3. Pendant ce temps, coupez le citron en deux. Pressez une moitié, pelez l'autre à vif et coupez-en la chair en petits dés. Faites fondre le beurre à feu doux et émulsionnez avec le jus de citron.

4. Égouttez la raie, pelez-la et ôtez-en les cartilages. Disposez sur des assiettes, nappez de sauce, salez et poivrez. Parsemez de câpres, de citron et de persil.

Gratin de raie aux épinards

Une autre manière de préparer la raie, pour profiter de son moelleux, ici marié au fondant des épinards.

Facile | Pour **4 personnes** | Préparation **30 min** | Cuisson **40 min**

Ingrédients

- 10 cl de vinaigre de vin
- 1 feuille de laurier
- 1 kg d'aile de raie
- 1 kg d'épinards
- 40 g de beurre + 10 g pour le plat
- 40 g de farine
- 25 cl de lait
- 10 cl de crème liquide
- 1 jaune d'œuf
- 30 g de comté râpé
- Sel, poivre

1. Portez à frémissements 2 l d'eau avec le vinaigre, le laurier, 1 c. à s. de sel et du poivre. Faites-y cuire la raie 10 min à feu doux, puis égouttez-la, pelez-la et séparez chairs et cartilages.

2. Faites cuire les épinards 5 min à l'eau bouillante salée. Égouttez-les bien, rafraîchissez-les sous l'eau courante et essorez-les.

3. Faites fondre le beurre dans une casserole. Ajoutez la farine et laissez cuire 2 min à feu moyen. Incorporez le lait, puis la crème. Salez et poivrez, puis coupez le feu. Laissez tiédir, puis incorporez le jaune d'œuf.

4. Préchauffez le four à 180 °C (th. 6). Beurrez un plat à gratin, répartissez-y la moitié des épinards, couvrez de raie effilochée, puis du reste d'épinards et nappez le tout de sauce. Parsemez de comté et enfournez pour 20 min. Servez bien chaud.

La raie

Poisson **cartilagineux**, proche des requins, la raie est ainsi entièrement **dépourvue d'arêtes**, ce qui rend sa dégustation très aisée. Il en existe plusieurs espèces vendues pour leur chair, mais la plus réputée (et la plus courante) est la **raie bouclée**, à la chair bien épaisse, pêchée en mer du Nord, en Atlantique et jusqu'en Méditerranée. On ne commercialise que les « ailes », c'est-à-dire les deux grandes nageoires situées de part et d'autre du corps fuselé. L'idéal est de les cuire au **court-bouillon**, avec le cartilage, car celui-ci leur apporte de la saveur, mais aussi parce qu'il serait impossible à retirer avant cuisson sans émietter les chairs… La raie, toujours servie cuite, s'accompagne bien de **beurre noisette** ou d'une sauce relevée, le plus souvent aux **câpres** ou aux herbes (ciboulette, cerfeuil…). Si la chair se trouve très effilochée après la séparation d'avec le cartilage, servez-la en timbale, en la tassant simplement dans de petits cercles de cuisine, directement dans les assiettes.

Conseils pratiques

• ACHAT

La raie est souvent vendue sans sa peau, ce qui rend délicate l'estimation de sa fraîcheur… car celle-ci reste couverte d'humus pendant un peu moins de 24 h après la pêche. La chair doit être bien rose et, contrairement à certaines croyances, elle ne doit jamais sentir l'ammoniac : une raie fraîche ne sent que… la mer !

• SURGELÉE

La raie est l'un de ces poissons que l'on trouve couramment surgelé, en ailes prêtes à cuire. Celles-ci seront parfaites pour une salade ou une présentation en timbale, mais il est délicat de les cuire juste à point pour les servir entières.

• CUISSON

On peut cuire les ailes de raie au court-bouillon vinaigré ou à la vapeur, entières ou après les avoir tronçonnées, suivant leur taille. On peut aussi les cuire au four ou même les poêler, à feu moyen, dans un peu d'huile d'olive.

• PRÉPARATION

Une fois les ailes cuites, il faut en retirer délicatement la peau, – si elles n'étaient pas déjà pelées, bien entendu –, puis il s'agit de séparer les chairs des cartilages : si la cuisson est adéquate, l'exercice est simple, et les ailes restent quasi intactes.

Le + nutrition

La raie est un poisson très peu calorique, car quasiment dépourvu de lipides, sauf bien sûr si vous la nappez de beurre noisette… Riche en protéines, elle apporte des vitamines, notamment du groupe B, et des minéraux : potassium, magnésium, phosphore. C'est enfin une bonne source de fer.

Pour 100 g
> 69 kcal
> Protéines : 22 g
> Vitamine B1 : 0,15 mg
> Potassium : 320 mg
> Fer : 1 g

Le bœuf

On désigne sous le terme de « viande de bœuf » la viande de tous les **bovins adultes** – génisse, vache, mâle castré (le réel « bœuf ») ou taureau. Le bœuf fournit de nombreux morceaux très différents, qui s'apprêtent tous de manière spécifique. Vous trouverez ainsi sur les étals des morceaux à **griller** (entrecôte, onglet, bavette…), à **braiser** (jumeau, gîte…), à **mijoter** (macreuse), à **bouillir** (plat de côtes, paleron, tendron…), etc. Le **filet** fournit des steaks ou des rôtis onéreux et prestigieux, mais certains morceaux moins recherchés ne coûtent que quelques euros du kilo : la **joue de bœuf**, vendue par les tripiers, est délicieusement fondante, par exemple cuite en **pot-au-feu**. Pour être très tendre, goûteuse et **idéalement persillée** – la graisse étant bien répartie dans les chairs, la viande de bœuf doit être… rassise ! Cette maturation d'environ 3 semaines doit être menée dans des conditions précises, par le boucher lui-même : pendant l'opération, la viande perd jusqu'à 30 % de son poids ! Mais aujourd'hui, rares sont les bouchers qui perpétuent cette tradition…

Conseils pratiques

• ACHAT

Fiez-vous aux labels, qui vous permettent de distinguer les meilleures viandes bovines. Plusieurs labels rouges ont été attribués à des races de vaches à viande, élevées suivant un cahier des charges précis : de Charolles, d'Aubrac, salers, limousine…

• LE BŒUF HACHÉ

Achetée chez un boucher, la viande de bœuf ne peut être hachée que devant vous, et jamais à l'avance. N'hésitez pas à préciser quelle en sera l'utilisation ; il vous choisira un morceau adapté : ainsi, pour des steaks tartares, rien n'égale le jumeau !

• LA SALER… OU NON ?

Une légende tenace veut qu'il ne faille pas saler le bœuf avant de le cuire : c'est tout l'inverse ! Il est primordial de bien saler les morceaux à griller, sauter ou braiser, pour provoquer la réaction dite « de Maillard », qui les dorera parfaitement. Mais procédez juste avant la cuisson, et non 10 min à l'avance…

• CUISSON

Les bas morceaux (macreuse, gîte, plat de côtes, queue…) peuvent avoir besoin de 3 à 4 h de cuisson, mais les morceaux à griller cuiront en 2 à 3 min de chaque côté… Demandez conseil à votre boucher !

Le + nutrition

La viande de bœuf est la plus riche en fer, mais c'est aussi l'étalon-or des apports protéinés, avec 15 à 25 g de protéines pour 100 g de viande ! Certains morceaux sont maigres, d'autres plus gras ; méfiez-vous notamment des steaks hachés des grandes surfaces. Le bœuf est riche en vitamines du groupe B, mais aussi en cholestérol…

Pour 100 g de rôti dans le filet
> 149 kcal
> Protéines : 28 g
> Lipides : 4,2 g
> Fer : 3,5 mg
> Vitamine B12 : 2 µg

Salade de bœuf à l'orientale

Un reste de rosbif ? Préparez cet excellent plat complet aux nouilles de riz, piment et herbes fraîches.

Facile | Pour **4 personnes** | Préparation **20 min** | Cuisson **2 min** | Repos **10 min**

Ingrédients

- 400 g de rosbif cuit
- 250 g de pousses de soja
- Les feuilles de 1 petit bouquet de menthe
- Les feuilles de 1 petit bouquet de persil plat
- 12 petites feuilles de laitue romaine
- 250 g de nouilles de riz
- Le jus de 2 citrons verts
- 2 c. à s. de sauce soja
- 1 gousse d'ail écrasée
- 6 c. à s. d'huile de sésame
- 1 piment rouge épépiné et émincé
- Sel, poivre

1. Coupez le rosbif en lamelles. Faites blanchir les pousses de soja 2 min à l'eau bouillante salée. Égouttez-les. Lavez rapidement, puis essorez les feuilles de menthe, de persil et de romaine.

2. Faites cuire les pâtes à l'eau bouillante salée suivant les indications portées sur l'emballage. Égouttez-les.

3. Dans un bol, mélangez le jus de citron avec la sauce soja, l'ail et du poivre, puis émulsionnez avec l'huile, en fouettant.

4. Répartissez les herbes, la romaine, le soja, les trois quarts des nouilles et le rosbif sur les assiettes de service. Ajoutez le reste des nouilles et le piment. Arrosez du contenu du bol. Laissez reposer 10 min avant de servir.

Bœuf-carottes

Un grand classique dans toute sa splendeur, à braiser à feu doux pour une viande parfaitement moelleuse.

Facile | Pour **6 personnes** | Préparation **15 min** | Cuisson **2 h 30**

Ingrédients

- 2 c. à s. d'huile de tournesol
- 1,6 kg de bœuf à braiser (paleron, jumeau…) coupé en cubes
- 2 oignons émincés
- 3 gousses d'ail écrasées
- 1 c. à s. de farine
- 25 cl de vin rouge corsé
- 75 cl de bouillon de bœuf
- 1,2 kg de carottes coupées en rondelles
- 1 bouquet garni (thym, laurier, persil)
- 2 c. à s. de persil plat ciselé
- Sel, poivre

1. Faites chauffer l'huile de tournesol dans une cocotte. Mettez-y les cubes de viande à rissoler 5 min à feu assez vif. Salez et poivrez.

2. Ajoutez les oignons et l'ail, baissez à feu doux. Laissez suer 10 min. Poudrez de farine, mélangez sur le feu. Arrosez de vin rouge, mélangez encore, puis arrosez de bouillon.

3. Ajoutez les carottes et le bouquet garni, portez à frémissements et couvrez. Laissez mijoter 2 h à 2 h 30 : la viande doit être bien moelleuse.

4. Parsemez de persil ciselé au moment de servir. Vous pouvez préparer ce plat la veille, il sera encore meilleur réchauffé.

Bœuf à la ficelle

Choisissez un rôti de bœuf de qualité, très tendre, dans le filet ou le rumsteck : servez-le saignant !

Facile | Pour **4 personnes** | Préparation **20 min** | Cuisson **1 h 20**

Ingrédients

- 2 blancs de poireaux
- 2 branches de céleri
- 2 carottes
- ¼ de boule de céleri-rave
- 2 l de bouillon de légumes très parfumé
- 1 rôti de bœuf très tendre
- Moutarde, raifort
- Sel, poivre

1. Nettoyez soigneusement les blancs de poireaux et ficelez-les. Taillez les autres légumes en petits bâtonnets. Mettez-les dans un faitout et ajoutez le bouillon de légumes. Portez à frémissements. Laissez cuire 30 min.

2. Pendant ce temps, ficelez soigneusement le rôti de bœuf, en laissant largement dépasser la ficelle de chaque côté. Attachez-le à une cuillère en bois plus grande que le diamètre du faitout.

3. Plongez le rôti dans le bouillon frémissant, en disposant la cuillère en travers du faitout : la viande doit être totalement immergée, mais ne pas toucher le fond ! Laissez-le cuire 15 min par livre, soit 40 min pour un rôti de 1,3 kg.

4. En fin de cuisson, sortez la viande. Rectifiez l'assaisonnement du bouillon. Servez le bœuf avec les légumes, le bouillon, de la moutarde et du raifort.

« Le filet de bœuf fournit un rôti prestigieux, cuit ici au bouillon, pour une saveur inhabituelle, très aromatique. »

Pilons de poulet au lait de coco

Servez ces pilons sur du riz blanc cuit à la créole, nappés de leur sauce bien épaisse.

Facile | Pour **4 personnes** | Préparation **25 min** | Cuisson **1 h 10**

Ingrédients

– 3 gousses d'ail
– 3 cm de gingembre frais
– 2 c. à s. d'huile de tournesol
– 8 pilons de poulet
– 2 oignons émincés
– 2 c. à c. de curcuma
– 20 cl de lait de coco
– Sel, poivre

1. Pelez et hachez l'ail. Pelez le gingembre, puis coupez-le en dés. Mettez ail et gingembre dans un mortier et écrasez-les au pilon.

2. Faites chauffer l'huile dans une sauteuse. Mettez-y la préparation précédente à suer 3 min à feu moyen. Ajoutez les pilons et faites-les bien dorer de tous côtés.

3. Ajoutez les oignons et faites-les suer 5 min, puis poudrez de curcuma et mélangez sur le feu. Salez et poivrez. Arrosez de 25 cl d'eau, mélangez et couvrez. Laissez mijoter 30 min.

4. Arrosez du lait de coco et laissez mijoter 30 min encore. Découvrez si nécessaire en fin de cuisson, pour faire légèrement réduire.

Cocotte de poulet à la normande

Le cidre joue dans cette recette un rôle prépondérant : utilisez un cidre brut normand d'excellente qualité.

Facile | Pour **4 personnes** | Préparation **25 min** | Cuisson **1 h 15**

Ingrédients

- 40 g de beurre
- 1 c. à c. d'huile de tournesol
- 1 beau poulet fermier coupé en 8 morceaux
- 1 oignon jaune haché
- 2 gousses d'ail écrasées
- 1 botte de jeunes oignons verts
- 300 g de champignons de Paris émincés
- 40 cl de cidre brut
- Crème fraîche (facultatif)
- Sel, poivre

1. Dans une sauteuse, faites fondre le beurre avec l'huile, pour l'empêcher de brûler. Mettez-y le poulet à rissoler 7 à 8 min à feu vif, jusqu'à bien le dorer de tous côtés. Salez et poivrez.

2. Ajoutez l'oignon, l'ail et les oignons verts juste pelés, et faites suer 5 min. Ajoutez les champignons et baissez à feu moyen. Laissez suer encore 5 min.

3. Arrosez de cidre, portez à frémissements, puis couvrez et laissez mijoter 1 h.

4. Environ 5 min avant de servir, rectifiez au besoin l'assaisonnement, puis ajoutez si vous le souhaitez 1 bonne c. à s. de crème fraîche épaisse.

Fricassée de poulet fermier aux oignons grelots, sauce parfumée à l'estragon

Servi avec des endives et ses oignons grelots glacés, le poulet est particulièrement bien entouré !

Facile | Pour **4 personnes** | Préparation **30 min** | Cuisson **1 h 15**

Ingrédients

- 4 cuisses de poulet fermier
- 2 c. à s. d'huile d'olive
- 50 cl de bouillon de volaille
- 6 brins d'estragon
- 2 feuilles de laurier
- 150 g d'oignons grelots
- 40 g de beurre
- 1 c. à c. de sucre en poudre
- 4 endives
- Sel, poivre

1. Salez et poivrez les cuisses de poulet. Dans une cocotte, faites chauffer l'huile d'olive. Mettez-y les cuisses de poulet à revenir 5 min de chaque côté à feu moyen.

2. Arrosez avec le bouillon de volaille, et ajoutez 2 brins d'estragon et le laurier. Baissez le feu au minimum et couvrez. Laissez mijoter 1 h.

3. Pendant ce temps, ébouillantez les oignons grelots 30 s, égouttez-les, puis rafraîchissez-les sous l'eau courante. Pelez-les en les pinçant tout simplement entre le pouce et l'index.

4. Faites fondre le beurre dans une casserole. Mettez-y les oignons à sauter 5 min à feu moyen. Salez et poivrez, ajoutez 10 cl d'eau et le sucre. Baissez le feu au minimum et couvrez. Laissez mijoter 20 min, en mélangeant de temps à autre.

5. En fin de cuisson, découvrez pour faire réduire et secouez régulièrement la casserole, de façon à bien glacer les oignons.

6. Faites cuire les endives à la vapeur. Retirez l'estragon et le laurier de la cocotte, puis servez le poulet nappé de sa sauce, entouré des endives et des oignons grelots. Décorez d'estragon.

L'estragon

Plante herbacée de la famille des astéracées, l'estragon est l'une des **herbes aromatiques** les plus parfumées, à la saveur très caractéristique. On l'utilise généralement **en petite quantité**, car son parfum puissant l'emporterait sur les autres ingrédients. L'estragon se marie particulièrement avec le **poulet**, mais également avec la viande de porc ou certains poissons. C'est l'un des aromates phares des pickles, notamment des **cornichons** au vinaigre. Il est également un composant essentiel de la **sauce béarnaise**, qui lui doit une bonne part de sa saveur inimitable. Sans vous lancer dans une sauce aussi délicate, ajoutez simplement 1 à 2 c. à s. d'estragon ciselé dans une **mayonnaise** destinée à accompagner une viande froide : succès garanti !

Mignons de porc braisés à l'orange

Très maigres, les tendres filets mignons sont délicieux dans cette recette sucrée-salée parfumée de cumin.

Facile | Pour **6 personnes** | Préparation **20 min** | Cuisson **1 h 10**

Ingrédients

- 100 g de raisins secs
- Le jus et le zeste prélevé au zesteur de 3 oranges non traitées
- 4 c. à s. d'huile de tournesol
- 3 petits filets mignons
- 4 oignons grossièrement émincés
- 600 g de carottes coupées en petits morceaux
- 1 c. à s. de graines de cumin
- 15 cl de vin blanc sec
- 6 brins de persil pour décorer
- Sel, poivre

1. Dans un bol, faites tremper les raisins dans le jus d'orange. À trois reprises, faites blanchir les zestes 1 min à l'eau bouillante, en changeant l'eau.

2. Faites chauffer l'huile dans une cocotte à feu moyen. Mettez-y le porc salé et poivré à dorer 5 min de tous côtés. Déposez-le sur un plat. Remplacez-le par les oignons. Faites-les suer 5 min, en remuant.

3. Incorporez les carottes, le cumin, le contenu du bol, les zestes et le vin. Salez, poivrez et portez le tout à frémissements.

4. Remettez les mignons dans la cocotte. Couvrez et baissez le feu. Laissez braiser 1 h. Servez le porc en tranches et sa garniture aromatique arrosés du jus de cuisson à l'assiette. Décorez de brins de persil.

Porc en croûte et chou romanesco

Très spectaculaire, le chou romanesco à la saveur délicate accompagne idéalement l'échine de porc.

Facile | Pour **6 personnes** | Préparation **15 min** | Cuisson **40 min**

Ingrédients

- 6 tranches d'échine de porc désossée (150 g chacune)
- 4 c. à s. d'huile d'olive
- 4 tranches de pain de mie écroûtées et émiettées
- 50 g de beurre fondu
- 2 jaunes d'œufs battus
- 3 c. à s. de feuilles d'estragon finement ciselées + quelques sommités pour décorer
- Les fleurettes de 2 petits choux romanesco
- 2 tomates pelées et coupées en petits dés
- Sel, poivre

1. Préchauffez le four à 180 °C (th. 6). Déposez l'échine sur une plaque tapissée de papier sulfurisé. Salez et poivrez. Arrosez avec la moitié de l'huile. Enfournez pour 20 min.

2. Mélangez les miettes de pain avec le beurre, les jaunes d'œufs battus, l'estragon ciselé, du sel et du poivre. Répartissez sur la viande. Poursuivez la cuisson 20 min.

3. Pendant ce temps, rincez les fleurettes de chou. Faites-les blanchir 2 min environ à l'eau bouillante, puis égouttez-les.

4. Faites chauffer le reste d'huile dans une sauteuse à feu moyen. Mettez-y les tomates à revenir 3 min, en remuant. Ajoutez le chou. Salez et poivrez, puis couvrez et laissez mijoter 10 min à feu doux. Servez le porc avec le chou décoré d'estragon.

Rôti de porc farci à la sauge

La sauge et le porc allient harmonieusement leurs saveurs dans ce rôti accompagné de potiron. Une réussite !

Délicat | Pour **6 personnes** | Préparation **25 min** | Cuisson **1 h 15**

Ingrédients

- 2 c. à s. d'huile de tournesol + un peu pour le plat
- Les feuilles de 4 brins de sauge
- 250 g de chair à saucisse
- 4 échalotes longues émincées
- 1 œuf
- 1,5 kg d'échine de porc désossée étalée
- 12 fines tranches de poitrine fumée
- 600 g de chair de potiron coupée en cubes de 1,5 à 2 cm de côté
- 15 cl de bouillon de légumes
- 50 g de beurre en parcelles
- Sel, poivre

1. Préchauffez le four à 180 °C (th. 6). Huilez un plat à four au pinceau. Rincez et séchez les feuilles de sauge. Ciselez-en finement les trois quarts et gardez les autres entières.

2. Mélangez la chair à saucisse avec 1 échalote émincée, la sauge ciselée, l'œuf, du sel et du poivre. Répartissez sur l'échine. Roulez en forme de rôti. Entourez des tranches de poitrine et ficelez.

3. Déposez le rôti dans le plat. Salez et poivrez. Ajoutez les feuilles de sauge entières et le reste des échalotes. Arrosez d'huile. Enfournez le tout pour 30 min.

4. Disposez les cubes de potiron autour du rôti. Salez et poivrez. Arrosez du bouillon et parsemez de beurre. Poursuivez la cuisson 45 min environ, en remuant de temps en temps. Servez aussitôt, dans le plat de cuisson.

Le porc

C'est bien connu, **tout est bon dans le cochon** : il se consomme de la queue aux oreilles, son sang servant à faire le boudin et sa graisse le saindoux. Il fournit ainsi des viandes très différentes, du **filet mignon** se cuisinant à la manière d'une petite pièce de bœuf aux innombrables **charcuteries** sculptant l'identité de nos terroirs. La viande de porc, lorsqu'elle est de qualité, est constituée de grains serrés. Elle doit avoir une jolie **couleur rosée**, éventuellement persillée de graisse blanche. Produit trop rapidement et abattu trop jeune, le porc élevé en batterie présente une chair aqueuse, peu goûteuse, qui va en partie « fondre » à la cuisson. Au contraire, le **porc fermier** garde sa saveur et reste bien moelleux à cœur après cuisson. Sur les étiquettes, guettez le **logo VPF** (Viande de Porc Française) : il vous garantira que l'animal est né, a été élevé et a été abattu dans l'Hexagone. Fiez-vous aux différents **labels rouges** qui distinguent la viande de porc : les porcs fermiers du Sud-Ouest et de la Sarthe doivent avoir été nourris avec 70 % de céréales.

Conseils pratiques

• MORCEAUX

À griller : le filet et l'échine fournissent de bons rôtis ; les travers, marinés ou non, se font griller au barbecue ou au four, et se mangent tièdes, avec les doigts.

À rôtir : carré (train de côtes solidaires par leur chair).

À braiser : jarret (jambonneau), filet mignon, rouelle.

À bouillir : poitrine (fumée ou non) ; palette ; jarret demi-sel.

À mijoter : échine, pointe ou filet, coupés en morceaux.

À poêler : filet mignon, entier ou détaillé en médaillons ; tranches de jambon ; poitrine en lamelles ; côtes.

• PRÉPARATION

Sauf pour les cuissons à chaleur intense (au four, au barbecue…), dégraissez soigneusement les morceaux de porc avant de les faire cuire. Mettez en valeur le porc en le relevant d'échalote, thym, ail, tomate, sarriette ou romarin.

• CUISSON

La viande de porc ne doit jamais être saignante, mais au contraire cuite à cœur. De manière générale, menez la cuisson à feu moyen, pour ne pas brusquer ses chairs et conserver leur moelleux. Du porc cuit à feu vif est sec, voire filandreux.

Le + nutrition

En dépit de sa mauvaise réputation, la viande de porc n'est pas très grasse, proche des valeurs lipidiques de la cuisse de poulet. Mais les charcuteries sont bien sûr beaucoup plus caloriques… Le porc est aussi très riche en protéines de qualité, en fer et en vitamines du groupe B.

Pour 100 g
> 240 kcal
> Protéines : 27 g
> Lipides : 14 g
> Fer : 1,2 mg
> Vitamine B1 : 0,59 mg

Tagliatelle de carotte à l'aigre-doux

Marinées avec de l'ail en chemise, ces carottes aux amandes accompagneront délicieusement du porc froid.

Délicat | Pour **4 personnes** | Préparation **20 min** | Cuisson **15 min** | Marinade **12 h**

Ingrédients

- 6 belles carottes
- 8 gousses d'ail très saines
- 4 c. à s. d'huile d'olive
- Piment d'Espelette en poudre
- ½ c. à c. de sucre en poudre
- 10 cl de vinaigre de vin blanc
- 100 g d'amandes mondées
- Quelques brins de persil pour décorer
- Sel

1. Pelez et lavez les carottes. Avec un économe, coupez-les en tagliatelle dans la longueur. Faites-les blanchir avec les gousses d'ail 5 min à l'eau bouillante salée. Égouttez.

2. Faites chauffer l'huile dans une sauteuse à feu moyen. Mettez-y les carottes et l'ail à revenir 10 min, en remuant souvent.

3. Ajoutez ½ c. à c. de piment et le sucre. Remuez 1 min. Mouillez avec le vinaigre et retirez du feu. Mélangez bien et laissez refroidir.

4. Rectifiez l'assaisonnement en sel et en piment. Laissez mariner 12 h au réfrigérateur. Incorporez les amandes coupées en deux dans la longueur 10 min avant de servir, décoré de persil.

Carottes braisées aux aromates

Ces carottes fondantes et parfumées accompagneront à la perfection une épaule d'agneau rôtie.

Facile | Pour **6 personnes** | Préparation **25 min** | Cuisson **1 h 40**

Ingrédients

- 1 botte de jeunes oignons blancs
- 50 g de beurre
- 1 c. à s. d'huile de tournesol
- 1,4 kg de carottes coupées en fines rondelles
- 3 gousses d'ail émincées
- 20 cl de vin blanc sec
- 1 l de bouillon de légumes
- 1 bouquet garni (thym, laurier, persil)
- Quelques brins de cerfeuil
- Sel, poivre

1. Pelez les oignons blancs. Émincez-en les queues et coupez-en les bulbes en deux. Faites fondre le beurre avec l'huile de tournesol dans une cocotte. Mettez-y les queues et les bulbes d'oignons blancs à revenir 5 min à feu doux.

2. Réservez les bulbes. Ajoutez dans la cocotte les rondelles de carotte et l'ail. Faites revenir 5 min en mélangeant de temps en temps, puis arrosez avec le vin blanc et le bouillon. Ajoutez le bouquet garni et 2 ou 3 brins de cerfeuil, et portez le tout à frémissements.

3. Baissez le feu au minimum, déposez les bulbes d'oignons réservés sur le dessus et couvrez. Laissez mijoter ainsi 1 h 30, en mélangeant délicatement de temps en temps.

4. Découvrez si nécessaire en fin de cuisson, pour bien faire réduire. Retirez le bouquet garni, rectifiez l'assaisonnement et servez, décoré de cerfeuil frais.

Cannelloni aux champignons de Paris

Toujours disponibles, les champignons de Paris sont épatants pour farcir ces cannelloni gratinés au parmesan !

Facile | Pour **4 personnes** | Préparation **20 min** | Cuisson **30-35 min**

Ingrédients

- 1 c. à s. d'huile d'olive
- 12 feuilles de lasagne
- 80 g de mie de pain émiettée
- 20 cl de lait
- 350 g de champignons de Paris
- 25 g de beurre + 25 g de beurre en parcelles
- 3 échalotes finement émincées
- 250 g de veau haché
- 2 œufs battus
- 100 g de parmesan finement râpé
- 2 c. à s. de persil ciselé
- 2 c. à c. de fond de veau délayé dans 20 cl d'eau
- Sel, poivre

1. Préchauffez le four à 200 °C (th. 6-7). Huilez un plat à gratin au pinceau. Plongez les lasagne 2 min dans de l'eau bouillante salée. Égouttez-les, puis déposez-les sur un linge.

2. Faites tremper la mie de pain dans le lait. Nettoyez les champignons dans un linge humide. Hachez-les au couteau.

3. Faites chauffer le beurre dans une sauteuse à feu vif. Mettez-y les champignons et les échalotes à revenir 5 min, en remuant. Ajoutez le veau haché et remuez 5 min. Hors du feu, incorporez la mie de pain essorée, les œufs, 40 g de parmesan, le persil, du sel et du poivre. Répartissez cette farce sur les lasagne, puis roulez celles-ci de façon à former des cannelloni.

4. Déposez les cannelloni dans le plat, jointure au-dessous. Arrosez du fond de veau. Parsemez du reste de parmesan et du beurre en parcelles. Enfournez pour 20 à 25 min. Servez bien chaud.

Champignons de Paris poêlés au thym

Préparez cette recette simple avec des champignons de Paris « boutons » surgelés, fondants à souhait.

Facile | Pour **4 personnes** | Préparation **20 min** | Cuisson **25 min**

Ingrédients

- 40 g de beurre
- 1 c. à c. d'huile de tournesol
- 450 g de petits champignons de Paris « boutons » surgelés
- 10 cl de vin blanc sec
- 2 gousses d'ail finement hachées
- 2 c. à c. de thym frais effeuillé
- 1 c. à s. de jus de citron
- Sel, poivre

1. Dans une sauteuse, faites fondre le beurre avec l'huile de tournesol, pour l'empêcher de brûler. Mettez-y les champignons de Paris à sauter à feu vif. Dès qu'ils commencent à rendre de l'eau, salez et poivrez, puis baissez à feu moyen.

2. Laissez cuire 10 à 12 min : les champignons doivent exsuder leur eau de végétation, qui doit ensuite s'évaporer.

3. Arrosez de vin blanc, puis ajoutez l'ail et le thym. Faites sauter les champignons encore 5 min environ, en remuant régulièrement la sauteuse, afin de bien les enrober d'assaisonnement.

4. En toute fin de cuisson, coupez le feu, arrosez de jus de citron et mélangez délicatement. Rectifiez l'assaisonnement et servez immédiatement.

Gratin de cardons sauce crémeuse

Servez ce savoureux gratin avec un rôti de veau ou des côtes de veau poêlées, nappées d'une sauce à la crème.

Facile | Pour **4 personnes** | Préparation **10 min** | Cuisson **1 h 15**

Ingrédients

- 2 kg de cardons
- Le jus de 2 citrons
- 70 g de farine tamisée
- 80 g de beurre + 20 g pour le plat
- 50 cl de lait
- 1 ou 2 pincées de noix muscade râpée
- 2 c. à s. de crème fraîche épaisse
- 2 jaunes d'œufs
- 100 g de beaufort râpé
- Sel, poivre du moulin

1. Retirez les feuilles, les piquants et les parties filandreuses des cardons. Frottez-les dans un linge pour en éliminer le duvet. Coupez-les en tronçons de 5 cm de long, en les effilant. Plongez-les au fur et à mesure dans de l'eau froide mélangée au jus de 1 citron.

2. Dans un faitout, délayez 30 g de farine avec le second jus de citron. Incorporez progressivement 3 l d'eau, sans faire de grumeaux. Salez et portez à frémissements. Ajoutez les cardons égouttés. Laissez cuire le tout 45 min environ à feu doux : les cardons doivent être tendres à cœur.

3. Dans une casserole moyenne, faites fondre 50 g de beurre à feu moyen. Ajoutez le reste de farine versé en pluie, en remuant vivement, puis ajoutez le lait sans cesser de remuer. Salez, poivrez et muscadez. Laissez épaissir 10 min, en remuant régulièrement. Retirez du feu. Incorporez la crème et les jaunes d'œufs, en fouettant.

4. Préchauffez le four à 180 °C (th. 6). Beurrez un plat à gratin, disposez-y les cardons égouttés. Nappez de sauce, puis parsemez de fromage et du reste de beurre coupé en dés. Enfournez pour 20 min. Servez aussitôt, dans le plat de cuisson.

« Les longues tiges charnues du cardon se font cuire à l'eau bouillante salée, avant d'être sautées au beurre ou gratinées. »

Le cardon

Le cardon est souvent **confondu avec la blette**, car, comme elle, il se présente sous la forme de longues tiges rigides et charnues, les **cardes**, réunies autour d'un pied. Mais, alors qu'on prépare séparément feuilles et côtes des blettes, **on ne consomme pas les feuilles bleu argent du cardon**, astringentes. On n'en cuisine donc que les cardes, particulièrement dans les cuisines **lyonnaise** et savoyarde, mais aussi dans tout le sud de la France. Légume **proche de l'artichaut**, dont il a d'ailleurs légèrement la saveur, le cardon se fait généralement cuire à l'eau bouillante salée, après avoir été soigneusement préparé. Il peut ensuite être apprêté de différentes manières, par exemple sauté au beurre ou en **gratin**, avec de la sauce Béchamel et du fromage. On le sert aussi froid, en **vinaigrette**, après l'avoir cuit à l'eau et bien égoutté. Il se marie alors remarquablement avec quelques noisettes grillées à sec. Le cardon est un aliment **extrêmement peu calorique**, idéal dans un régime amaigrissant.

Conseils pratiques

• ACHAT

Privilégiez des cardons aux côtes bien fermes, à choisir plutôt blanches que vertes (mais certaines variétés ne blanchissent pas). Même si les feuilles ne se consomment pas, elles sont une indication de fraîcheur : elles doivent être bien dressées en haut des tiges, très légèrement brillantes et non flétries.

• CONSERVATION

Une fois nettoyé, le cardon se conserve sans problème jusqu'à 1 semaine dans le bas du réfrigérateur, enveloppé dans un linge, voire dans du papier journal (évitez les sacs plastiques, qui ne le laissent pas respirer).

• PRÉPARATION

Coupez le pied, puis supprimez les feuilles et effilez les cardes : il s'agit de tirer sur la peau, pour éliminer toutes les fibres filandreuses qui se trouvent en surface. Si les cardes sont jeunes, vous pouvez vous contenter de les frotter avec un torchon humide, jusqu'à supprimer leur duvet.

• CUISSON

Après avoir été blanchi, le cardon s'apprête en gratin, mais également en omelette ou, par exemple, en velouté. Il se fait encore braiser, pour être servi en garniture de viandes grillées ou rôties.

Le + nutrition

Le cardon est dépourvu de tout lipide et fournit très peu d'énergie. Son apport en fibres est souvent vanté, mais n'est pas tant élevé que cela. Il apporte du potassium, du fer et d'autres sels minéraux, ainsi que de la vitamine B9.

Pour 100 g
- **> 10 kcal**
- **> Protéines : 2 g**
- **> Glucides : 1,5 g**
- **> Potassium : 397 mg**
- **> Fer : 1,5 g**
- **> Vitamine B9 : 28 µg**

Le chou de Bruxelles

Honni par certains, mais fort apprécié par d'autres, le chou de Bruxelles est **sulfureux**, au sens premier du terme : il contient une quantité importante de soufre, expliquant sa **saveur affirmée**, mais aussi les difficultés digestives qu'il peut engendrer. Il est issu d'un chou très proche du chou vert, mais poussant en hauteur : on récolte les **bourgeons**, de 2 à 4 cm de diamètre, qui apparaissent en épis autour de l'axe central, à la base des feuilles. Les bourgeons du bas de la plante sont récoltés en premier, car ils parviennent plus rapidement à maturité. Le chou de Bruxelles est principalement cultivé en **Belgique** et dans **le nord de la France**. Aliment maigre, il est cependant généralement **poêlé** ou **braisé** dans de la matière grasse, ce qui accroît d'autant son apport calorique. On l'associe souvent aux champignons ou à des **châtaignes**, parfois avec des **lardons**, notamment pour le servir en accompagnement de viandes rouges ou blanches, ou encore de gibiers.

Conseils pratiques

• ACHAT
Choisissez vos choux bien verts et serrés, sans feuilles jaunies ni traces de flétrissure. Les trognons ne doivent pas être ligneux ni complètement séchés.

• CONSERVATION
Les choux de Bruxelles se gardent tels que vous les avez achetés, sans lavage préalable, et emballés dans une feuille de papier journal, dans le bas du réfrigérateur. Vous les conserverez ainsi jusqu'à 1 semaine, sans qu'ils perdent leurs qualités nutritionnelles ou gustatives.

• PRÉPARATION
Lavez et égouttez-les, puis coupez les trognons au ras des choux. Supprimez ensuite les feuilles dures extérieures, puis entaillez les choux en croix à leur base, pour en faciliter la cuisson.

• CUISSON
Il est important de blanchir les choux de Bruxelles avant de les faire cuire réellement, pour supprimer une partie de leur soufre et les attendrir. Idéalement, faites-les blanchir 5 min, puis rafraîchissez-les dans de l'eau glacée pour leur conserver leur couleur. Vous pouvez ensuite les poêler, les braiser, les gratiner…

Le + nutrition

Riche en fibres (cellulose), le chou de Bruxelles favorise le transit et génère une belle sensation de satiété. Il est également riche en minéraux (magnésium, calcium), ainsi qu'en vitamines A, C et K, mais une bonne partie de ces dernières est éliminée lors de la cuisson.

Pour 100 g
> 35 kcal
> Protéines : 3,5 g
> Glucides : 2,5 g
> Magnésium : 18 mg
> Fibres : 3,7 g

Choux de Bruxelles en persillade aillée

Pour accompagner un rôti de porc ou une volaille, on ne pense jamais assez aux choux de Bruxelles...

Facile | Pour **4 personnes** | Préparation **15 min** | Cuisson **25 min**

Ingrédients
- 800 g de choux de Bruxelles de même calibre
- 80 g de beurre
- 3 gousses d'ail écrasées
- 4 c. à s. de persil finement ciselé
- Sel, poivre

1. Lavez et égouttez bien les choux de Bruxelles. Coupez les trognons au ras des choux. Supprimez les feuilles dures extérieures, puis entaillez-les en croix à la base.

2. Blanchissez les choux de Bruxelles 5 min à l'eau bouillante, puis égouttez-les et rincez-les. Faites-les cuire ensuite 15 min dans un nouveau bain d'eau bouillante salée, puis égouttez-les soigneusement.

3. Faites chauffer le beurre dans une sauteuse à feu moyen. Mettez-y les choux à revenir 5 min avec l'ail, le persil, du sel et du poivre, en remuant souvent. Servez aussitôt.

Choux de Bruxelles gratinés au beaufort

Vous servirez ces gratins individuels relevés de poivron avec des côtes de porc ou du poulet rôti.

Facile | Pour **4 personnes** | Préparation **15 min** | Cuisson **30 min**

Ingrédients

- 40 g de beurre ramolli
- 800 g de choux de Bruxelles
- 1 gros poivron rouge
- 40 cl de crème fraîche
- 3 œufs
- 150 g de beaufort râpé
- Sel, poivre

1. Préchauffez le four à 180 °C (th. 6). Beurrez 4 plats à gratin individuels au pinceau.

2. Lavez et égouttez bien les choux de Bruxelles. Coupez les trognons au ras des choux. Supprimez les feuilles dures extérieures, puis entaillez-les en croix à la base. Lavez et épépinez le poivron, puis séchez-le. Détaillez-le en lanières.

3. Faites blanchir les choux 10 min à l'eau bouillante salée. Égouttez-les, coupez-les en deux et mettez-les dans les plats à gratin avec le poivron.

4. Dans une jatte, fouettez la crème avec les œufs. Salez légèrement, poivrez généreusement. Ajoutez le fromage, puis versez sur les légumes. Enfournez pour 20 min. Servez très chaud.

Conchiglie au chou-fleur et aux petits pois

Le chou-fleur, les pâtes et les petits pois forment un trio gagnant dans cette recette toute simple.

Facile | Pour **4 personnes** | Préparation **20 min** | Cuisson **15-20 min**

Ingrédients

– 1 petit chou-fleur
– Le jus de 1 citron
– 250 g de conchiglie
– 150 g de petits pois surgelés
– 2 c. à s. d'huile d'olive
– 4 c. à s. de parmesan râpé
– 4 c. à s. de chapelure fine
– 80 g de beurre en parcelles
– Sel, poivre du moulin

1. Retirez le trognon et les feuilles du chou-fleur. Détachez-en les bouquets et coupez-les en petits morceaux réguliers. Faites-les cuire 15 à 20 min à l'eau bouillante salée et citronnée : ils doivent être tendres sans se défaire. Égouttez-les.

2. Pendant ce temps, faites cuire les conchiglie et les petits pois surgelés à l'eau bouillante salée, selon les indications portées sur l'emballage des pâtes. Égouttez. Allumez le gril du four.

3. Dans un saladier, mélangez le chou-fleur avec les pâtes, les petits pois et l'huile. Répartissez dans 4 cassolettes individuelles. Poivrez généreusement.

4. Dans un bol, mélangez intimement le parmesan avec la chapelure. Saupoudrez-en régulièrement le contenu des cassolettes, puis parsemez le tout du beurre en parcelles. Glissez sous le gril jusqu'à obtention d'une jolie coloration dorée. Servez dès la sortie du four.

« Vous pouvez aussi cuire les fleurettes de chou-fleur à la vapeur, la même durée : il sera plus facile de les conserver légèrement croquantes. »

Risotto aux poires et au gorgonzola

Bel accord sucré-salé entre le riz à la texture ferme, les dés de poire fondants et la saveur du gorgonzola.

Facile | Pour **4 personnes** | Préparation **30 min** | Cuisson **25 min**

Ingrédients

- 1 c. à s. d'huile d'olive
- 1 oignon moyen haché
- 125 g de riz arborio
- 10 cl de vin blanc sec
- 75 cl de bouillon de volaille
- 2 belles poires conférence
- Le jus de 1 citron
- 30 g de beurre
- 120 g de gorgonzola coupé en dés
- Quelques brins de cerfeuil pour décorer
- Sel, poivre du moulin

1. Faites chauffer l'huile d'olive dans une sauteuse, mettez-y l'oignon à suer 3 min à feu moyen. Ajoutez le riz en pluie, faites-le nacrer 2 min en mélangeant, puis arrosez avec le vin blanc.

2. Dès que le vin est absorbé, ajoutez un petit peu de bouillon de volaille, puis mélangez délicatement. Baissez à feu doux. Incorporez progressivement tout le bouillon.

3. Pendant ce temps, lavez les poires, mais ne les pelez pas, puis coupez 4 fines tranches dans leur longueur. Citronnez-les. Coupez le reste des poires en dés, citronnez-les également. Poêlez tranches et dés de poire 3 min dans le beurre.

4. Incorporez le gorgonzola dans le risotto une fois qu'il est cuit, puis rectifiez l'assaisonnement. Ajoutez les dés de poire, mélangez délicatement. Décorez des tranches de poire et de brins de cerfeuil.

Le riz

Originaire d'Asie, cultivé depuis près de 10 000 ans, le riz est bien **l'aliment le plus consommé sur terre**. Ses très nombreuses variétés en font un ingrédient multiforme, pour la préparation d'un nombre infini de recettes : du **riz gluant** vietnamien à la paella espagnole, en passant par les jambalayas et autres risottos. Ne croyez pas que tous les riz se valent, et achetez-le selon l'usage prévu. Le **riz basmati** et les autres riz à grains longs se cuisent ainsi à grande eau ; servez-les avec un plat en sauce ou un poisson. Le **riz thaï**, une fois rincé, est plutôt cuit à l'étouffée (dans un « rice cooker ») ; il peut ensuite être façonné en boulettes. Le riz rond convient bien aux desserts (riz au lait…) et les riz italiens (**arborio**, carnaroli) sont indissociables du **risotto**. Le riz de Camargue, aux grains mi-longs, bien rebondis, est parfait avec une blanquette. Réservez le riz dit « incollable » aux **salades d'été**. Pour la paella, choisissez impérativement la variété **bomba**, dont les gros grains ronds restent bien fermes après cuisson.

Conseils pratiques

• VARIÉTÉS

Riz complet (ou brun) : il n'a pas été débarrassé de son enveloppe, il contient encore tous ses nutriments et a une saveur plus prononcée. Il doit cuire longtemps et rancit en quelques semaines seulement.

Riz long, blanc : ce riz est le plus commun ; c'est notamment celui des salades et des accompagnements courants. Le riz basmati est le plus prestigieux, cultivé sur les contreforts de l'Himalaya.

Riz thaï : il est consommé en Asie du Sud-Est.

Riz rond : souvent plus riche en amidon, il est cultivé en Italie, Espagne et Japon.

Riz sauvage : il s'agit en fait d'une légumineuse proche du riz.

• PRÉPARATION

Certains riz doivent être rincés avant d'être cuits (riz thaï), mais d'autres ne le supportent pas : le riz basmati deviendrait ainsi collant après cuisson. Les riz à risotto ne doivent surtout pas être rincés, au risque de perdre leur amidon.

• CUISSON

Il y a trois principaux modes de cuisson du riz : « à la créole », il est plongé dans un grand volume d'eau bouillante salée, avant d'être égoutté ; « par absorption », le riz absorbe entièrement l'eau dont il est couvert ; « pilaf », il est d'abord revenu dans une matière grasse, puis progressivement recouvert de bouillon (risottos).

Le + nutrition

Le riz est une céréale, c'est donc une mine de sucres complexes (amidon) fournissant de l'énergie à l'organisme sur une longue durée. Il contient aussi des protéines (en assez petite quantité) et, surtout pour le riz complet, des minéraux (phosphore), des vitamines du groupe B et des fibres, favorisant la digestion.

Pour 100 g
> 118 kcal
> Protéines : 2,5 g
> Glucides : 26 g
> Vitamine B9 : 3 µg
> Fibres : 1 g

Aligot

Cette recette originaire de l'Aubrac nécessite un simple tour de main... et un bon coup de poignet !

Délicat | Pour **4 personnes** | Préparation **35 min** | Cuisson **30 min**

Ingrédients
- 1 kg de pommes de terre bintje
- 2 belles gousses d'ail pelées
- 400 g de tomme de cantal fraîche
- 200 g de crème fraîche épaisse
- Sel, poivre

1. Pelez les pommes de terre, coupez-les en cubes et mettez-les dans un faitout. Couvrez d'eau froide, ajoutez l'ail et salez. Portez à frémissements, laissez cuire 20 min. Pendant ce temps, coupez la tomme de cantal en fines lamelles.

2. Retirez l'ail. Égouttez bien les pommes de terre, puis passez-les au presse-purée, en leur ajoutant si nécessaire un peu de leur eau de cuisson.

3. Remettez la purée à feu très doux et incorporez progressivement les lamelles de tomme. Mélangez bien entre chaque ajout. Poivrez.

4. Incorporez enfin la crème fraîche, sans cesser de mélanger. Votre aligot doit « filer », c'est-à-dire former un long ruban souple lorsque vous soulevez la cuillère. Servez immédiatement.

Pommes de terre au pesto de roquette

En à peine 10 min de préparation, offrez à vos invités une garniture gourmande originale.

Facile | Pour **4 personnes** | Préparation **10 min** | Cuisson **1 h 20**

Ingrédients

- 8 pommes de terre bintje moyennes
- 8 cl d'huile d'olive
- 1 petit sachet de roquette
- 1 gousse d'ail
- 40 g de parmesan râpé
- Gros sel, sel fin, poivre du moulin

1. Préchauffez le four à 160 °C (th. 5-6). Lavez soigneusement les pommes de terre sous l'eau courante, sans les peler, puis déposez-les dans une plaque creuse, sur un lit de gros sel.

2. Huilez les pommes de terre au pinceau, puis parsemez-les de sel fin et donnez un tour de moulin à poivre. Enfournez pour 1 h 20.

3. Pendant ce temps, lavez et essorez la roquette, mettez-la dans le bol d'un mixeur. Pelez et dégermez l'ail, coupez-le en morceaux et ajoutez-le, ainsi que du sel et du poivre. Ajoutez le reste d'huile d'olive et le parmesan, puis actionnez jusqu'à obtenir une sauce bien homogène. Versez dans un bol, couvrez de film alimentaire et réservez au frais.

4. Sortez les pommes de terre du four, fendez-les et nappez-les de pesto de roquette. Servez aussitôt.

Gratin de rutabagas à la mimolette

Délicieux chou-navet d'hiver, le très rustique rutabaga est à redécouvrir dans ce gratin onctueux.

Facile | Pour **6 personnes** | Préparation **25 min** | Cuisson **1 h**

Ingrédients

- 800 g de rutabagas
- 500 g de pommes de terre à chair ferme (charlotte)
- 25 g de beurre ramolli pour le moule + 40 g de beurre en parcelles
- 3 œufs
- 20 cl de crème fraîche
- 20 cl de lait
- 1 pincée de noix muscade râpée
- 2 gousses d'ail écrasées
- 120 g de mimolette râpée
- Sel, poivre

1. Pelez et lavez les rutabagas comme les pommes de terre. Coupez-les en rondelles. Faites-les blanchir 10 min à l'eau bouillante. Égouttez-les.

2. Préchauffez le four à 200 °C (th. 6-7). Beurrez un plat à gratin au pinceau.

3. Dans une jatte, fouettez les œufs avec la crème, le lait, la muscade et l'ail. Salez légèrement, poivrez, puis incorporez les trois quarts de la mimolette.

4. Répartissez la moitié des rondelles de légumes dans le plat. Recouvrez de la moitié du contenu de la jatte. Ajoutez le reste des légumes, puis le reste du contenu de la jatte.

5. Parsemez du reste de mimolette et du beurre en parcelles. Enfournez pour 50 min. Servez très chaud, découpé en carrés à la spatule.

« Le rutabaga fait partie de ces légumes oubliés qu'il faut redécouvrir. Il se cuisine comme le navet, à l'eau ou braisé. »

Crèmes renversées aux clémentines

D'exquis petits entremets, à savourer en succulent point d'orgue d'un repas chic et raffiné.

Délicat | Pour **4 personnes** | Préparation **20 min** | Cuisson **40 min** | Réfrigération **1 h**

Ingrédients

– 4 clémentines entières non traitées
+ les quartiers pelés à vif de 2 clémentines
– 60 g de sucre en poudre
– ½ c. à c. d'agar-agar
– 30 cl de lait
– 3 œufs battus dans une jatte
– 8 spéculoos écrasés
– 40 g de beurre ramolli
– 20 g de poudre d'amandes

1. Préchauffez le four à 180 °C (th. 6). Râpez finement le zeste des clémentines non traitées. Réservez-le. Pelez ces fruits à vif, puis mixez-en la pulpe avec 20 g du sucre et filtrez.

2. Ajoutez l'agar-agar et portez à frémissements, en fouettant. Retirez du feu. Répartissez le mélange dans 4 ramequins avec les quartiers de clémentine pelés à vif.

3. Dans une casserole, portez le lait à frémissements avec les zestes et le sucre restant, en fouettant bien. Versez sur les œufs, sans cesser de fouetter. Versez le tout dans les moules et recouvrez des spéculoos mélangés avec le beurre et la poudre d'amandes.

4. Enfournez pour 40 min au bain-marie. Laissez refroidir, réservez 1 h au réfrigérateur, puis renversez sur 4 assiettes et servez.

La clémentine

Petit agrume ressemblant à la mandarine, mais à la peau plus épaisse et moins adhérente à la chair, la clémentine est l'une des douceurs de l'hiver. **Très facile à éplucher**, juteuse et savoureuse, elle se déguste à toute heure de la journée. Peu calorique et **bourrée de vitamines**, elle est rafraîchissante et désaltérante, et permet aussi de lutter contre la fatigue et les infections. **Elle ne contient pas de pépins**, car il s'agit d'un hybride : elle est issue d'un croisement entre un mandarinier et un oranger (les mandarines, qui contiennent des pépins, ont vu leurs fleurs fécondées par des abeilles qui avaient auparavant butiné **d'autres fleurs d'agrumes** : pour éviter cela, les mandariniers sont souvent protégés par un filet). Il est donc impossible d'en planter, et les clémentiniers actuels sont tous des clones du premier, créé près d'Oran en 1892, par un certain père Clément, qui leur a légué son nom. **Pressée en jus**, la clémentine relève les **plats salés**, notamment les viandes blanches ou les poissons.

Conseils pratiques

• ACHAT

Choisissez vos clémentines bien rondes et dénuées de meurtrissures. La clémentine de Corse, particulièrement parfumée, bénéficie d'une IGP (Indication géographique protégée) : elle est toujours vendue avec quelques feuilles accrochées aux fruits.

• CONSERVATION

Les clémentines se gardent 8 à 10 jours à température ambiante, à condition de n'avoir pas été soumises à des chocs (une clémentine tombée au sol pourrira en quelques heures). Surveillez le panier pour en ôter les fruits qui commenceraient à se gâter.

• PRÉPARATION

La clémentine est surtout un fruit à manger tel quel, du bout des doigts, après l'avoir pelée et détaillée en quartiers. Vous pouvez aussi la peler à vif, pour une présentation optimale : pelez-la au couteau, en coupant l'extrémité des quartiers, puis séparez les quartiers en passant une lame de couteau le long des membranes blanches.

• ET LE ZESTE ?

Les confiseurs utilisent le zeste de clémentine, mais celles que l'on trouve dans le commerce sont toujours traitées après récolte… Abstenez-vous-en !

Le + nutrition

La clémentine est un fruit peu calorique (l'équivalent de l'abricot) qui convient même aux jeunes enfants, puisqu'elle ne contient pas de pépins. Elle est surtout riche en vitamine C : 2 fruits suffisent à combler les besoins quotidiens. Elle fournit aussi une quantité importante de minéraux (calcium, magnésium) et de fibres.

Pour 100 g
> 48 kcal
> Glucides : 10 g
> Vitamine C : 41 mg
> Calcium : 33 mg
> Magnésium : 11 mg
> Fibres : 2 g

Petite compote pomme-poire aux épices

Mixez ou non cette compote, suivant que vous préférez une texture lisse ou des petits morceaux gourmands.

Facile | Pour **6 personnes** | Préparation **10 min** | Cuisson **40 min**

Ingrédients

- 2 pommes golden ou canada
- 2 poires conférence ou passe-crassane
- 1 c. à s. de jus de citron
- 40 g de beurre
- 3 clous de girofle
- 2 bâtons de cannelle
- 1 à 3 c. à s. de sucre en poudre
- Noix muscade râpée
- Crème fraîche bien épaisse

1. Pelez et épépinez les pommes et les poires, puis coupez-les en dés. Mettez-les dans une casserole et mélangez avec le jus de citron, pour les empêcher de noircir.

2. Ajoutez le beurre et faites chauffer à feu doux. Couvrez et ajoutez les clous de girofle et les bâtons de cannelle légèrement effrités. Laissez compoter environ 40 min, en mélangeant régulièrement.

3. Ajoutez 1 à 3 c. à s. de sucre en poudre (selon votre goût et la teneur naturelle en sucre des fruits) et laissez cuire encore quelques minutes, en veillant à ne pas laisser brunir.

4. Mixez la compote si vous le souhaitez, après en avoir retiré les épices. Servez tiède ou froid, décoré des épices de cuisson et parsemé de 1 pincée de muscade, avec 1 quenelle de crème fraîche.

Charlotte aux pommes

Consistant, ce dessert se déguste tiède, à la fin d'un repas léger ou au goûter, avec de la crème anglaise.

Facile | Pour **6 personnes** | Préparation **25 min** | Cuisson **40 min**

Ingrédients

- 1,5 kg de pommes reinettes grises du Canada
- 180 g de beurre ramolli + 25 g pour le moule
- 2 sachets de sucre vanillé
- 1 bonne c. à c. de cannelle en poudre
- 18 tranches de pain de mie brioché rassises, écroûtées
- 100 g de sucre en poudre

1. Pelez et épépinez les pommes. Coupez-les en fins quartiers. Préchauffez le four à 200 °C (th. 6-7). Beurrez un moule à charlotte au pinceau.

2. Dans une sauteuse, faites chauffer à feu moyen 100 g de beurre avec le sucre vanillé et la cannelle. Mettez-y les pommes à dorer 10 min, en remuant souvent.

3. Beurrez les tranches de pain. Coupez-en un tiers en triangles et le reste en rectangles. Sucrez-les.

4. Couvrez le fond du moule d'un tiers des triangles, puis les parois avec les rectangles, faces beurrées et sucrées à l'intérieur. Ajoutez la moitié des pommes. Recouvrez de la moitié du reste des triangles, puis du reste de pommes, enfin du reste des triangles. Tassez. Enfournez pour 30 min au bain-marie.

Tarte aux kakis et pignons de pin

Lancez-vous dans la confection de cette tarte originale : facile à réussir, elle est délicieuse !

Facile | Pour **6 personnes** | Préparation **15 min** | Cuisson **40 min**

Ingrédients

- 6 beaux kakis bien mûrs
- 20 g de beurre + 20 g de beurre ramolli pour le moule
- 80 g de sucre en poudre
- 1 pâte brisée préétalée
- 3 tranches de pain d'épice un peu rassises
- 100 g de pignons de pin
- Sucre glace

1. Pelez les kakis. Coupez-les en petits morceaux. Faites chauffer le beurre dans une sauteuse à feu doux. Ajoutez les kakis et le sucre. Faites compoter 10 min, en remuant souvent. Laissez refroidir.

2. Préchauffez le four à 200 °C (th. 6-7). Beurrez un moule à tarte de 24 cm de diamètre au pinceau. Garnissez-le de la pâte brisée, puis piquez le fond à la fourchette.

3. Mixez les tranches de pain d'épice jusqu'à les réduire en chapelure grossière. Étalez sur le fond de pâte.

4. Étalez la compotée de kakis sur la chapelure de pain d'épice en une couche uniforme, puis parsemez-la des pignons, en y enfonçant ceux-ci légèrement. Enfournez pour 30 min. Laissez tiédir avant de démouler délicatement. Servez poudré de sucre glace.

Le kaki

Fruit du plaqueminier (il est d'ailleurs parfois appelé « plaquemine »), le kaki est originaire du Japon. De couleur orangée, il a la taille d'une petite pomme. Sa chair farineuse est aussi **râpeuse et astringente** quand il n'est pas parfaitement mûr. En fait, il doit même être légèrement blet, comme les nèfles. **Choisissez-le bien coloré**, à la peau lisse et à la chair tendre et même molle sous la pression du doigt (si vous l'achetez ferme, faites-le mûrir à température ambiante, enveloppé dans une feuille de papier journal). Le kaki est une **bonne source de vitamine C** et surtout de fibres : près de 6 g pour 100 g de chair ! Le **sharon** est une variété nouvellement développée, sans pépins et à la chair moins âpre, dont on peut manger même la peau.

Crèmes à la chicorée

La chicorée apporte à ces crèmes son petit parfum doux, moins entêtant que celui du café.

Facile | Pour **6 personnes** | Préparation **15 min** | Cuisson **30 min** | Réfrigération **1 h**

Ingrédients

- 40 cl de lait
- 30 cl de crème liquide
- 80 g de cassonade
- 7 jaunes d'œufs
- 3 c. à s. de chicorée liquide

1. Préchauffez le four à 150 °C (th. 5). Versez le lait et la crème dans une casserole, ajoutez la cassonade et portez le tout à frémissements, en mélangeant régulièrement pour bien faire dissoudre celle-ci. Coupez le feu.

2. Dans une jatte, battez les jaunes d'œufs avec la chicorée. Arrosez de la préparation précédente en filet, sans cesser de fouetter.

3. Placez 6 ramequins sur une plaque creuse et répartissez-y la crème. Versez environ 1 cm d'eau autour. Enfournez pour 30 min. Laissez refroidir dans le four éteint.

4. Réservez au moins 1 h au réfrigérateur avant de servir.

La chicorée

La chicorée est constituée des racines d'**une variété d'endive**, sélectionnées et cultivées pour leur taille et leurs qualités organoleptiques. Séchées, **torréfiées** puis concassées, elles forment **une poudre brune, très aromatique**, à la saveur rappelant à la fois celle du café au lait et celle du caramel. C'est un produit typique de Belgique et du nord de la France, utilisé parfois comme un **succédané du café**, mais aussi en complément, pour former avec lui une boisson plus douce et plus parfumée. La chicorée est disponible en **poudre soluble** ou en extrait liquide, et elle peut être utilisée de très nombreuses manières en cuisine, non seulement pour des **desserts savoureux**, mais également pour relever nombre d'entrées ou de plats, en leur apportant sa touche bien caractéristique.

Tarte aux oranges confites

Confites par vous-même, les oranges qui garnissent cette tarte ne vous auront jamais semblé meilleures !

Facile | Pour **6 personnes** | Préparation **15 min** | Cuisson **55 min**

Ingrédients

- 1 orange non traitée coupée en rondelles + le zeste râpé et le jus de 2 oranges non traitées
- 250 g de sucre en poudre
- 20 g de beurre ramolli pour le moule + 50 g de beurre fondu
- 1 pâte brisée préétalée
- 2 œufs
- 1 c. à c. de Maïzena
- 3 c. à s. de marmelade d'oranges
- 6 sommités de menthe pour décorer

1. Mettez les rondelles d'orange dans une casserole avec 150 g de sucre et 15 cl d'eau. Portez le tout à frémissements. Laissez confire 30 min à feu doux.

2. Pendant ce temps, préchauffez le four à 180 °C (th. 6). Beurrez bien un moule à tarte de 24 cm de diamètre au pinceau. Garnissez-le de la pâte. Piquez le fond à la fourchette. Couvrez de papier d'aluminium et lestez de légumes secs. Enfournez pour 15 min.

3. Fouettez le reste du sucre et les œufs jusqu'à ce que le mélange blanchisse. Incorporez la Maïzena, le beurre fondu, le jus et le zeste d'orange. Versez sur le fond de pâte délesté. Enfournez pour 25 min.

4. Faites fondre la marmelade à feu doux. Égouttez les rondelles confites, puis disposez-les sur la tarte démoulée. Nappez le tout de marmelade. Servez tiède, décoré de menthe.

Crêpes Suzette à l'orange

Fourrées de beurre à l'orange, puis flambées au Cointreau, ces crêpes sont particulièrement délectables !

Délicat | Pour **6 personnes** | Préparation **25 min** | Repos **1 h** | Cuisson **50 min**

Ingrédients

- 190 g de farine tamisée
- 30 cl de lait
- 3 œufs battus
- Le jus de 3 oranges
- 15 cl de Cointreau
- 1 c. à s. d'huile de tournesol
- 80 g de beurre ramolli + un peu pour la cuisson des crêpes
- 50 g de sucre en poudre
- 4 c. à s. de zestes d'orange confits
- 9 rondelles d'orange confites, coupées en deux
- Sel

1. Mélangez la farine avec 1 pincée de sel. Creusez un puits au centre. Versez-y le lait, les œufs, la moitié du jus d'orange, 2 c. à s. de Cointreau ainsi que l'huile. Mélangez jusqu'à obtenir une pâte lisse. Laissez-la reposer 1 h.

2. Dans une jatte, fouettez le beurre avec le reste du jus d'orange, 1 c. à s. de Cointreau et le sucre, jusqu'à obtention d'un mélange homogène, puis incorporez la moitié des zestes.

3. Confectionnez 18 crêpes très fines avec la pâte, en les poêlant de 1 à 2 min de chaque côté dans une noisette de beurre chaud. Tartinez-les d'un peu de beurre, puis repliez-les en quatre.

4. Réchauffez les crêpes à la poêle, à feu très doux. Décorez-les des rondelles et du reste des zestes d'orange confits. Hors du feu, flambez-les avec le reste du Cointreau chaud.

L'orange

L'orange est aujourd'hui le **quatrième fruit le plus cultivé du monde** (le deuxième en Europe, après la pomme), et elle paraît bien commune. Pourtant, **l'orange douce** que nous consommons est originaire de Chine, et elle n'inonda les étals européens que dans la seconde moitié du XXe siècle. Auparavant, c'est l'**orange amère**, fruit du bigaradier, qui y était courante. Aujourd'hui, elle ne sert plus guère qu'à préparer la **confiture** du même nom, particulièrement prisée des Anglais. On consomme l'orange pour ses **quartiers, pelés à vif** ou non, et surtout pour son **jus**. Cela donne d'ailleurs lieu à une catégorisation : les oranges « à couteau » sont charnues et régulières, tandis que les oranges « à jus » sont idéales pour être pressées. Le jus d'orange aromatise salades de fruits, sorbets ou mousses, mais il peut aussi **parfumer gâteaux, biscuits** et autres douceurs – dont la fameuse crêpe Suzette (voir p. 82). On prépare avec l'orange des boissons alcoolisées prisées, notamment en pâtisserie : Cointreau, Grand Marnier…

Conseils pratiques

• ACHAT

Attention, l'orange ne mûrit plus une fois cueillie. Sachez que la plupart des oranges sont traitées après récolte, aussi abstenez-vous d'utiliser leur zeste si vous n'avez pas pris la précaution d'acheter des fruits indiqués comme « non traités ».

• CONSERVATION

Conservez vos oranges à température ambiante, 1 semaine environ, pour peu qu'elles n'aient pas été entrechoquées durant le transport. Réservez le jus quelques heures seulement au réfrigérateur, car il perd rapidement ses vitamines.

• PRÉPARATION

Pour presser une orange, coupez-la en deux et utilisez simplement un presse-agrumes. Pour la peler à vif, employez un couteau à lame courbe, puis passez une lame entre les membranes des quartiers pour les séparer.

• ET LE ZESTE ?

Si vos oranges sont non traitées, vous pouvez prélever leur zeste avec un économe ou un canneleur, en prenant garde de ne pas prendre le « ziste », la peau blanche qui se trouve dessous, très amère. Faites-le blanchir à l'eau bouillante, puis utilisez-le dans de nombreux plats, salés ou sucrés.

Le + nutrition

Considérez différemment l'orange et le jus d'orange : l'orange est un excellent fruit de régime, peu calorique, très riche en vitamines et en minéraux, et riche en fibres. Pressée, elle perd ses fibres, et ses sucres s'assimilent plus rapidement. En jus du commerce, elle devient carrément calorique et a perdu beaucoup de ses qualités.

Pour 100 g de chair
> 44 kcal
> Glucides : 8,5 g
> Vitamine C : 53 mg
> Vitamine B9 : 43 mg
> Vitamine C : 53 mg
> Bêta-carotène : 120 mg
> Fibres : 2,2 g

La vanille

Vendue sous forme de **gousses noires très aromatiques**, longues d'une dizaine de centimètres, la vanille est le beau **fruit d'une liane** de la famille des orchidées, originaire du Mexique, mais qui s'est particulièrement adaptée à certaines îles où elle a été implantée au XIXe siècle : l'île de la Réunion (alors appelée île Bourbon) produit depuis lors la **vanille bourbon**, considérée comme la meilleure du monde. Mais Madagascar ou Mayotte produisent également une vanille réputée, et la **vanille de Tahiti** est si parfumée qu'on a longtemps cru qu'il ne s'agissait pas de la même variété ! Après récolte, les gousses sont vertes et… dénuées de toute saveur ou odeur. Ce n'est qu'après avoir été échaudées, étuvées, séchées et lentement laissées maturer qu'elles acquerront leur parfum. Le tout prend environ… 10 mois ! La vanille est bien sûr le parfum privilégié des **crèmes** (anglaise, pâtissière…) ou des **desserts glacés**, mais elle se marie également avec certains plats salés : coquilles Saint-Jacques, langoustines, filet mignon…

Conseils pratiques

• ACHAT

Une gousse de vanille doit être bien brillante et bien souple : vous devez pouvoir la tordre ! Préférez acheter une seule gousse de qualité plutôt que plusieurs de moindre qualité ou de l'extrait – douteux. Le sucre vanillé est un substitut honnête ; ne le confondez pas avec le sucre « vanilliné », sans intérêt aucun.

• CONSERVATION

Correctement conditionnées, les gousses de vanille peuvent se conserver 2 à 3 semaines, dans leur emballage d'origine, à température ambiante mais à l'abri de l'air. Au-delà, elles commencent à sécher.

• PRÉPARATION

Les gousses doivent être fendues en deux, dans la longueur. Raclez-en ensuite les graines avec le plat d'un petit couteau. Ajoutez graines et gousse dans un liquide frémissant (souvent du lait), coupez le feu et laissez infuser 20 min. Filtrez ensuite si vous ne souhaitez pas retrouver les graines dans votre plat.

• ASTUCE

Laissez macérer à l'abri de la lumière 1 gousse de vanille fendue dans 15 cl l'huile d'olive de la meilleure qualité : vous obtiendrez un véritable nectar, tout prêt à napper un tartare de crevettes ou un carpaccio de saint-jacques.

Le + nutrition

Comme elle est consommée en quantités infimes (les gousses ne font qu'infuser, et les graines sont minuscules), les valeurs nutritionnelles de la vanille ne sont guère indicatives.
En revanche, des propriétés médicinales lui sont attribuées depuis sa consommation par les Aztèques : elle est notamment réputée aphrodisiaque, mais aussi antiseptique, euphorisante et luttant contre les maux d'estomac, les ballonnements et même les maux de gorge !

Îles flottantes

La qualité de la crème anglaise, forcément à la vanille, fait toute la différence dans ce dessert éternel...

Délicat | Pour **6 personnes** | Préparation **30 min** | Cuisson **20 min**

Ingrédients
- 80 cl de lait entier
- 2 gousses de vanille
- 8 jaunes d'œufs
- 260 g de sucre en poudre
- 5 blancs d'œufs
- 50 cl de lait demi-écrémé
- 1 pincée de sel

1. Versez le lait dans une casserole, puis ajoutez les gousses fendues en deux dans la longueur et portez le tout à frémissements. Coupez le feu et laissez infuser 15 min. Ôtez la vanille.

2. Fouettez les jaunes d'œufs avec 140 g de sucre. Versez le lait chaud en filet, sans cesser de fouetter. Reversez en casserole et faites épaissir à feu doux, en mélangeant. Répartissez dans 6 coupes.

3. Dans une casserole, portez le lait et 50 cl d'eau à frémissements. Montez les blancs en neige avec le sel, incorporez-y 30 g de sucre. Faites-en pocher 6 belles boules 1 min de chaque côté dans le liquide frémissant.

4. Disposez ces « boules de neige » sur la crème anglaise. Réservez au moins 2 h au frais. Au moment de servir, préparez un caramel blond avec le reste de sucre et un peu d'eau, et nappez-en vos îles.

Papillotes de banane à la vanille

Servez-les tièdes pour un agréable mariage des bananes fondantes, des épices et de la crème glacée.

Facile | Pour **4 personnes** | Préparation **10 min** | Cuisson **20 min**

Ingrédients

- 2 belles bananes
- 4 c. à c. de jus de citron
- 4 c. à s. de cassonade
- 4 pincées de cannelle en poudre
- 4 gousses de vanille
- 4 boules de crème glacée à la vanille

1. Préchauffez le four à 160 °C (th. 5-6). Découpez 4 grands carrés de papier sulfurisé.

2. Pelez les bananes, coupez-les en rondelles et répartissez celles-ci bien au centre des carrés de papier sulfurisé. Citronnez, puis saupoudrez de cassonade et de cannelle.

3. Fendez les gousses de vanille en deux, grattez-les pour en récupérer les graines, puis ajoutez-les dans les papillotes. Déposez-y aussi les gousses et refermez bien les papillotes. Déposez-les sur une plaque et enfournez pour 20 min.

4. Laissez tiédir 10 à 15 min à la sortie du four, puis servez avec des boules de crème glacée à la vanille.

Tartelettes aux poires et au chocolat

Pour classique qu'elle soit, l'union des poires et du chocolat est si réussie qu'on ne peut s'en lasser !

Facile | Pour **4 personnes** | Préparation **20 min** | Cuisson **30 min**

Ingrédients

- 1 pâte brisée préétalée
- 40 g de beurre ramolli
- 100 g de chocolat noir cassé en petits morceaux
- 2 c. à s. de lait
- 6 c. à s. de crème fraîche
- 4 petites poires bien mûres
- 3 œufs
- 70 g de sucre en poudre
- 1 sachet de sucre vanillé

1. Avec un emporte-pièce de 12 cm de diamètre, découpez 4 disques dans la pâte. Beurrez 4 moules à tartelette de 9 cm de diamètre au pinceau, puis garnissez-les de la pâte. Piquez enfin les fonds à la fourchette.

2. Préchauffez le four à 180 °C (th. 6). Dans une casserole à fond épais, faites fondre le chocolat avec le lait à feu doux. Hors du feu, ajoutez la moitié de la crème, en remuant pour lisser. Répartissez cette ganache sur les fonds de tartelettes.

3. Pelez et épépinez les poires. Coupez-les en petits morceaux et disposez-les sur la ganache.

4. Dans une jatte, fouettez les œufs avec les deux sucres jusqu'à ce que le mélange blanchisse. Ajoutez le reste de crème fraîche, puis répartissez le tout sur les poires. Enfournez pour 30 min. Laissez tiédir avant de démouler et de servir.

Poires confites au sésame

Diablement séduisantes, ces spectaculaires pyramides sont surmontées d'une boule de glace à la noix de coco.

Facile | Pour **6 personnes** | Préparation **10 min** | Cuisson **25 min**

Ingrédients

- 6 poires mûres encore fermes
- Le jus de ½ citron
- 50 g de beurre demi-sel
- 100 g de sucre en poudre
- 30 cl de vin blanc moelleux
- 2 c. à s. de graines de sésame
- 6 boules de glace à la noix de coco

1. Pelez les poires. Coupez-les en quatre, épépinez-les, puis recoupez chaque quartier en lamelles dans la longueur. Citronnez-les.

2. Faites chauffer le beurre et le sucre dans une sauteuse à feu moyen à vif, en remuant. Mettez-y les lamelles de poire à caraméliser légèrement 5 min, en les retournant souvent.

3. Arrosez du vin, portez à frémissements, puis baissez le feu. Laissez confire 20 min à feu doux. Retirez du feu et laissez complètement refroidir.

4. Au centre de 6 assiettes à dessert, superposez les lamelles de poire en quinconce. Arrosez-les du sirop de cuisson et parsemez-les des graines de sésame. Surmontez chaque pyramide de 1 boule de glace. Servez immédiatement.

Ananas farci en sabayon de champagne

Farci de sa propre chair et d'un sabayon mousseux au champagne, l'ananas est rapidement gratiné au four.

Délicat | Pour **4 personnes** | Préparation **30 min** | Cuisson **15 min**

Ingrédients

- 1 gros ananas
- 4 jaunes d'œufs
- 110 g de sucre en poudre
- 15 cl de champagne (ou de vin blanc moelleux)

1. Coupez l'ananas en deux dans la hauteur. Creusez-le délicatement à la petite cuillère, sans abîmer les coques. Supprimez la partie centrale, ligneuse, puis détaillez la chair en dés. Récupérez le jus qui s'écoule.

2. Dans une jatte, fouettez les jaunes d'œufs avec 80 g de sucre en poudre jusqu'à ce que le mélange blanchisse, puis incorporez le jus d'ananas écoulé et le champagne (ou le blanc moelleux).

3. Versez cette préparation dans une casserole et faites chauffer à feu moyen, en fouettant sans cesse vivement : en 8 à 10 min, vous devez obtenir une belle mousse blanche tirant sur le jaune, très onctueuse.

4. Versez ce sabayon dans les coques d'ananas, ajoutez les dés d'ananas et saupoudrez du reste de sucre. Enfournez pour 5 min sous le gril du four, pour faire légèrement gratiner. Servez tiède ou froid.

« L'ananas doit être lourd en main. Tirez une feuille du toupet : si elle s'ôte facilement, alors votre ananas est mûr. »

Cheese-cake aux fruits de la Passion

Moins délicat à réussir qu'il n'y paraît, ce cheese-cake est un prodige de saveurs et de textures mêlées.

Délicat | Pour **6 personnes** | Préparation **35 min** | Cuisson **30 min** | Réfrigération **4 h**

Ingrédients
- 250 g de biscuits sablés
- 100 g de beurre + 20 g de beurre ramolli pour le moule
- ½ c. à c. de cannelle en poudre
- 3 gros œufs
- 210 g de sucre en poudre
- 300 g de fromage blanc brassé
- 40 cl de crème liquide entière
- 4 c. à s. de farine tamisée
- 2 feuilles de gélatine
- 6 fruits de la Passion
- Quelques fraises pour décorer (facultatif)

1. Mixez les biscuits avec le beurre et la cannelle. Tassez au fond d'un moule à charnière de 26 cm de diamètre, beurré.

2. Préchauffez le four à 180 °C (th. 6). Fouettez les œufs avec 180 g de sucre, jusqu'à ce que le mélange blanchisse. Incorporez le fromage blanc, la crème liquide et la farine, en fouettant pour bien lisser. Versez dans le moule. Enfournez pour 30 min. Laissez refroidir.

3. Faites tremper la gélatine dans de l'eau froide. Coupez les fruits de la Passion en deux. Prélevez-en la pulpe à la cuillère. Mettez-la dans une casserole avec leur jus, 3 c. à s. d'eau et le reste du sucre. Portez à frémissements en remuant.

4. Hors du feu, incorporez la gélatine essorée au contenu de la casserole, en fouettant. Étalez sur le cheese-cake en une couche bien uniforme. Réservez 4 h au réfrigérateur avant de démouler et de servir, éventuellement décoré de fraises.

Le fruit de la Passion

Aussi appelé **maracuja** ou grenadille, le fruit de la Passion est le fruit d'une espèce de **passiflore**, liane grimpante tropicale. C'est aujourd'hui le Brésil qui en est le principal producteur, mais on en trouve également importé d'Afrique ou des Antilles. De ce globe, de 4 à 8 cm de diamètre, **on ne consomme que la pulpe** jaune d'or à orangée, aux petites graines noires contenues dans des petites capsules charnues. De saveur acidulée, agréablement sucrée, elle a un **parfum inimitable**, mais peut se révéler légèrement farineuse si le fruit est trop mûr. Il existe plusieurs variétés de fruits de la Passion, de couleur jaune à brun violacé, souvent à **la peau très fripée** (les variétés jaunes peuvent rester lisses). Dégustez-le **à la cuillère**, comme une gourmandise, mais vous pouvez également incorporer sa chair à une **salade de fruits** ou en faire un **sorbet**. On peut aussi le préparer en confiture, à parts égales avec de l'ananas ou de la mangue.

Conseils pratiques

• ACHAT

La peau fripée du fruit est une indication de maturation, mais vérifiez aussi qu'elle est saine et sans traces de meurtrissure. Il est normal que le fruit soit léger : la peau cotonneuse et fibreuse est peu dense. Elle prend néanmoins de la place : ainsi, ne perdez pas de vue que, au final, vous ne récupérerez qu'à peine 30 % du poids en pulpe…

• PRÉPARATION

Sa peau est trop épaisse pour être pelée : ouvrez-le simplement en deux, avec un couteau bien aiguisé, puis prélevez-en la pulpe avec une petite cuillère : elle vient d'elle-même.

• ET LES GRAINES ?

Les graines du fruit de la Passion sont comestibles ; certains apprécient même leur croquant, par exemple dans une salade de fruits. Mais vous pouvez les ôter aisément, en passant la pulpe au chinois. Vous pouvez aussi mixer celle-ci, pour en faire un sorbet ou un jus.

• ANECDOTE

Le nom du fruit de la Passion fut inspiré aux conquistadores espagnols, découvrant sa fleur au Pérou : la couronne hérissée de pointes figurerait la couronne d'épines ; les styles, les clous de la crucifixion ; les étamines, les plaies ; les pétales et les sépales les apôtres.

Le + nutrition

Fruit peu calorique, le maracuja est riche en vitamine C, ainsi qu'en vitamine A. C'est une importante source de fibres, surtout s'il est dégusté avec ses graines. Il est aussi riche en bêta-carotène, en potassium et en magnésium.

Pour 100 g
> 58 kcal
> Glucides : 8,5 g
> Vitamine C : 28 mg
> Bêta-carotène : 500 µg
> Potassium : 228 mg
> Fibres : 2 g

Salade d'agrumes au sirop de kumquats

L'acidité des fruits est tempérée par un sirop léger, où ont légèrement confit les petits kumquats.

Facile | Pour **4 personnes** | Préparation **25 min** | Cuisson **5 min** | Réfrigération **2 h**

Ingrédients

- 120 g de sucre en poudre
- Le jus de ½ citron
- 125 g de kumquats
- 2 oranges
- 1 pamplemousse rose
- 80 g de groseilles
- 2 brins de menthe + quelques feuilles
- 1 pincée de sel

1. Versez le sucre et le sel dans une casserole, ajoutez 15 cl d'eau et le jus de citron. Portez le tout à frémissements, puis ajoutez les kumquats coupés en deux. Laissez frémir 5 min, puis coupez le feu, couvrez et laissez complètement refroidir.

2. Pendant ce temps, pelez les deux oranges à vif et séparez-en les quartiers, en passant une lame de couteau le long des peaux blanches. Recueillez le jus qui s'écoule.

3. Procédez de même avec le pamplemousse rose. Répartissez dans un saladier les quartiers d'orange et de pamplemousse avec les groseilles. Ajoutez les kumquats et leur sirop. Ajoutez enfin la menthe et mélangez délicatement. Réservez au moins 2 h au réfrigérateur.

4. Retirez la menthe flétrie et servez glacé, décoré de menthe fraîche.

A à Z du mois de Janvier

Les folios marqués d'une * renvoient aux encadrés produits ou aux pages Marché de Janvier.